*Als ob Haut
kein Gedächtnis hätte*

34. Treffen junger Autor*innen 2019

Herausgegeben von:
Bundeswettbewerbe der Berliner Festspiele /
Treffen junger Autor*innen

Editorial 7

I. **Wenn sie unter Leuten ist, ist sie auf der Hut.**

Jannika Jenk	Badebombe	10
	scheiss sommer	14
Lisa Bresch	Himmel blau	15
	Badesalz	18
Cecily Ogunjobi	Jennys und Jeremys	20
	auto-Werkstatt	21
	Big chop	22
	Der Behälter	23
	Die Schwarzmarktführerin	24

II. **das eis schmilzt so laut dieser tage**

Lukas Friedland	durch:leben (Fragmente)	28
	monolog eines androgynen kindes im schwarzen mantel	30
	nach dem knall war es still	31
	katalysatoren einer weite die nicht unbedingt greifbar und genauso wenig mittelbar erscheinen würde in gedanken (scharfe spitzen)	32
Laura Klegräfe	Ich kann spucken wie ein Lama	33
Cara Biester	Macht	37
Sarah Stemper	trainstation feeling, klappe die 398te	42
	Aufgeplatzte Fertigteigdosen	44
	das opfer der narzisstin	46
	[panoramafarbig]	48
	Mit „Migranten" umgehen	50
	Momente der Wahrheit, ganz nüchtern	52
	kaputter reißverschluss	54

III. aber es gibt keine Welt

Fanny Haimerl	Die Sallerin	58
Victor Schlothauer	Gedichte	61
Lisa Marleen Allisat	Bergmann	65
Elisa Lehmann	Heimat I bis IV	70
	Dysmorphie	72
	Erwartungen an das Leben	74
	Reminiszenz an flüchtige Gemütszustände	75
	Artensterben	78

IV. diese tage reissen mir die knochen aus

Nora Hofmann	dass ich	82
	gedaechtnisorte	84
	laesion	86
	[titel]	87
	wien, februar 1917	88
Kierán Meinhardt	[Licht auf wasser, licht auf stein]	90
	Berlin	91
	vampirtintenfisch aus der hölle	92
	Traum der Stadt	94
	In der Fremde	95
Lotti Spieler	Kragen:bär:diskurs	97
	PROMETHEUS	99
	o p a	100
	ein Bericht von dort, wo man jedes Jahr viel zu viele Kaffeehäuser um riesige Swimmingpools erweitert	102

V. Die Windräder blinken rot hinter den Feldern

Alina Kordick	*Fenja*	106
	Lilo ist wieder da	108
Susanne Sophie Schmalwieser	*Können wir noch?*	111
Josefa Ramírez Sánchez	*Katzen gehen zum Sterben manchmal weg*	115
	ohne Titel	117
	SPIELZEIT	118

VI. Meine Umstände sind zu mir selbst geworden.

Carla Rotenberg	*Fieberträume*	122
Laura Bärtle	*REM*	125
Franka Weckner	*VERA FRAGT MICH NACH ZIGARETTEN*	133

Vitae der Preisträger*innen	141
Anthologien 2018–1986	149
Veranstalter, Jury, Kuratorium	152

Editorial

„Literatur existiert nicht in einem Vakuum. Sie existiert in einem bestimmten sozioökonomischen Umfeld. Deshalb sage ich den jungen Schriftsteller*innen, dass mich die Geschichten nicht interessieren, in denen jemand verliebt ist und alles glattgeht, mich interessieren Liebesgeschichten, in denen man sich auch Sorgen um die Miete macht. Denn das ist das Leben. Das ist der sozioökonomische Kontext einer Geschichte",

sagt Chimamanda Ngozi Adichie in einem Beitrag, der anlässlich ihres Besuches beim internationalen literaturfestival berlin bei der Deutschen Welle erschienen ist. Es liegt also im Schreiben eine politische Dimension und auch Autor*innen solcher Texte sind in diesem Jahr von der Jury zum Treffen junger Autor*innen eingeladen worden.

Unter den ausgewählten Texten finden sich Gedichte und Kurzgeschichten, Auszüge aus längeren Arbeiten, Miniaturen und Experimente, die sich klaren Genrezuschreibungen entziehen. In feinen Beobachtungen zeigen sich Beschreibungen von (unmöglichen) Beziehungen, Körperlichkeiten, Widerständigem, Momentaufnahmen von Landschaften, (Schlaf-)Träumen, Abschieden.

Ausgewählt hat die Jury in diesem Jahr aus 483 Bewerbungen. Eine Auswahl der eingereichten Texte wurde in einer Lesung vorgestellt, bevor sich im Treffen alles nur noch ums Schreiben drehte, um das sich Ausprobieren in anderen Gattungen, um das Teilen von Perspektiven und Erfahrungen, das Suchen danach, was die Texte sagen, was sie wollen, wohin sie führen. Mein Dank gilt der Jury für die Auswahl und ihre Anregungen, die sie den jungen Autor*innen im Treffen mit auf den Weg gegeben haben sowie allen Unterstützer*innen und Förder*innen des Wettbewerbs, insbesondere dem Bundesministerium für Bildung und Forschung.

In persönlichen Lektoratsgesprächen wurde der letzte Feinschliff an den prämierten Texten vorgenommen, die nun alle in dieser Anthologie versammelt sind.

Christina Schulz
Leiterin Treffen junger Autor*innen
Bundeswettbewerbe der Berliner Festspiele

I.

Wenn sie unter Leuten ist, ist sie auf der Hut.

Jannika Jenk

Badebombe

Ich bin allein in der WG. Erst ist mir das überhaupt nicht aufgefallen, ich hab um zehn nur kurz was gefrühstückt, das kam direkt wieder raus, in Form von Dünnschiss, wobei ich die zwei Toasts mit Kirsch- beziehungsweise Himbeermarmelade um einiges lieber ausgekotzt als ausgeschissen hätte. Wenn ich meine Tage habe, krieg ich immer Durchfall. Als sei das Blut im Klo nicht genug. Hab mich sofort mit meinem leeren Magen und meinem Elend wieder in die Hochbetthöhle verkrochen und bin nochmal eingeschlafen. Irgendwann fange ich an, Gitarre zu spielen, die mir nur mitteilt: Ich habe heute leider kein neues Lied für dich. Danke, sage ich, war trotzdem eine schöne Zeit. Und irgendwann fällt mir ein, dass wir ja eine Badewanne haben, und ich zwei Lush-Badebomben in meiner Kulturtasche, die mir neulich ein Bekannter in der S-Bahn geschenkt hat, der bei Lush arbeitet, und wie wir da so saßen, muss das alles doch bestimmt illegal oder zumindest verdächtig ausgesehen haben, er mir seine Lush-Ware anpreisend, ich grinsend bis zum Gehtnichtmehr, weil – das Zeug kann ich mir ja normalerweise überhaupt nicht leisten. Und jetzt fallen mir diese Lush-Badebomben und unsere Badewanne ein und ich hatte sowieso den ganzen Tag schon Lust, nackt zu sein.
Abgesehen vom Durchfall-Phänomen bewirkt meine Periode außerdem, dass ich ein bisschen schwanger aussehe, was vielleicht das ironischste Phänomen ist, das ich kenne, und ich beschließe, dass ich mir das mal von meiner Frauenärztin erklären lassen muss. Dem Internet traue ich da nicht so ganz, das würde mir bestimmt nur Panik machen und behaupten, ich sei ja doch schwanger und dass man da auch mal Schmierblutungen kriegt, zwischendurch, das sei ja normal. Aber übers Schwangersein will ich jetzt lieber nicht nachdenken, stattdessen stehe ich vor dem Spiegel und denke über den Kommentar meiner Mutter nach: Du bist aber schmal geworden. Körperkommentare waren nie meins, aber schon immer Spezialität meiner Familie, nicht nur mir gegenüber.
Langsam drehe ich den Wasserhahn auf und versuche, die perfekte Badewassertemperatur zu finden, was nicht einfach ist, weil es natürlich entweder viel zu heiß oder ein bisschen zu kalt ist. Schließlich lasse ich es einfach laufen und hoffe auf das Beste. Andächtig nehme ich die beiden Badebomben aus meinem Kulturbeutel und besehe mir sie von allen

Seiten. Dabei fällt mir der Hinweis meines Lush-Dealers ein, dass sich eine der beiden Kugeln *im* Wasser auflöst, während die andere unter den laufenden Wasserstrahl gehalten werden soll, und jetzt frag mich bloß jemand, welche welche ist. Ich mache die Geruchsprobe, entscheide mich für die buntere Kugel, die aus gelb-orange-roten Spiralen ein grobes Muster ergibt, und halte sie kurzerhand unter das laufende Wasser. Glückstreffer. Schäumt ganz schön, sofort beim ersten Drunterhalten knistert es, und ich freue mich mehr darüber als erwartet. Das letzte bisschen der so gut riechenden Badebombe sträubt sich ein wenig, will sich nicht so recht auflösen, und fällt in großen Klumpen aus meiner Hand in die nun halb gefüllte Badewanne. Macht nichts, denke ich, muss ja auch ein bisschen was zum Spielen haben, außer dem Schaum, und halte einen Fuß probeweise ins Wasser. Gar nicht mal so übel, nicht so heiß wie beim letzten Mal baden, da hatte ich am Ende das Gefühl, wenn ich jetzt nicht umkippe, kotze ich, aber das ist beides besser als Durchfall und beides nicht passiert.

Komischerweise bemerke ich erst jetzt, dass sich das gesamte Badewasser gefärbt hat. Die Lush-Badebomben-Farbe ist rot, ein verblasstes Rot, und irgendwie passt es zu meiner Stimmung, die Farbe ist nicht ganz greifbar: unbestreitbar rot, aber eben doch nicht die Farbe, die man mit dem Wort Rot assoziiert, wenn man es hört. Passt ja, dann merke ich wenigstens nicht, wenn ich die Badewanne vollblute. Als ich schon eine Weile lang im Wasser liege, fällt mir wieder auf, dass ich allein bin, und wie still es eigentlich ist. Das einzige Geräusch ist der knisternde Schaum, und wie das manchmal mit der Wahrnehmung von Geräuschen so ist, wird dieser knisternde Schaum jetzt unerträglich laut. In meinem Kopf singt Thom Yorke dazu in Dauerschleife immer eine Zeile: *I can't breathe.*

Um dem knisternden Schaum, meiner Langeweile und der Stille zu trotzen, hebe ich ganz langsam und vorsichtig mein rechtes Bein samt Fuß aus dem Wasser. Dabei tropft das Badewasser von meinem Fuß auf die sich direkt darunter befindlichen Schaummassen und das Geräusch, das dabei entsteht, trifft mich unerwartet und tief. Der viele feste Schaum klingt, wenn unter Tropfenbeschuss, wie knirschender Schnee unter den Schuhen

im tiefsten Winter. Ich hebe meinen Fuß erneut aus dem Wasser, nur um sicher zu gehen, dass ich es mir nicht eingebildet habe, aber der Schnee knirscht nach wie vor und die Bilder tanzen.
Ich spüre, wie sich wieder die Unruhe in mir aufbaut. Langsam, um ihr etwas entgegenzusetzen, rutsche ich mit dem Kopf den Badewannenrand entlang, bis ich waagerecht im Wasser liege. Nur meine Brüste ragen wie zwei deformierte Berge aus dem Badewannenmeer. Die Arme presse ich fest seitlich an meinen Körper, dann fange ich an, die Hüften von links nach rechts zu bewegen. Erst ganz sanft, sodass sich der Schaum an der Oberfläche nur ein bisschen hin und her wiegt, dann immer schneller, bis das Wasser laut schmatzt und fast über den Badewannenrand schwappt, definitiv aber über mich hinweg, sogar über meine Brüste, die versunkenen Berge, und kleine Strudel streicheln meine Beine.
Als das Wasser wieder stillsteht, ist ein Großteil des Schaumes verschwunden, und ich sehe wieder die blassrote Farbe des Wassers. Es sieht ein bisschen so aus, als sei ich vor einiger Zeit in der Badewanne verblutet und erinnert mich an ein Video, das ich mal auf Instagram gesehen habe, in dem eine Delfin-Mama ihr Kind gebärt, und das Blut, das sie danach noch verliert, hat genau diese Farbe, weil sich ihr Blut so schnell mit dem restlichen Meereswasser vermischt, und vielleicht hätte mir das ja auch passieren können, also nicht das Delfin-Baby zu gebären, sondern mir zum Beispiel die Pulsadern aufzuschneiden und das Wasser immer weiter laufen zu lassen, vielleicht wäre es dann auch so blassrot.
Meine Beine schimmern durch die Wasseroberfläche und in diesem Licht finde ich sie sehr schön: schlank und stark und zart, braun und glänzend. Ich versuche, nicht an den Kommentar meiner Mutter zu denken, dabei weiß ich, dass sie Recht hat. Ich habe abgenommen, nicht, weil ich besonders viel Sport mache oder mich besonders toll und ausgewogen ernähre. Ich ernähre mich kaum noch, so insgesamt, und obwohl ich das weiß, könnte ich nicht sagen, woran es liegt. Vielleicht weiß ich es auch doch, finde es aber einfacher, alle möglichen Gründe zu verdrängen.
Der Lush-Geruch sitzt nun tief in Haut und Nase, das ganze Badezimmer hat sich inzwischen in einen Lush-Palast inklusive Duftsauna verwandelt, und ich finde, es ist an der Zeit, nackt in der Wohnung herumzulaufen,

ohne mich vorher abzutrocknen und den Adrenalin-Kick so richtig auszuleben: Was, wenn doch jemand nach Hause kommt? Mit dem großen Zeh versuche ich, den Stöpsel aus der Wanne zu ziehen, scheitere, und drehe mich mit einem phänomenal lauten Quietschen um 180 Grad in der Wanne rum, um den Stöpsel mit den Fingern zu erwischen. Es ist ein magnetischer Stöpsel, der auch an der senkrechten Seite der Badewanne nicht herunter rutscht, und ich fühle mich wie ein Kleinkind, als meine Fantasie mit mir durchgeht und ich mir vorstelle, dass der Stöpsel Spiderman ist und das Badewasser Blut von irgendeinem Massaker und Spiderman rettet mich, bevor ich in den blutigen Strudel herabgezogen werde. Genau in dem Moment geben die halb verrotteten, halb verstopften Abflussrohre ein wunderbares Schmatzen von sich, das so ähnlich klingt wie das Geräusch, das meine Vagina von sich gibt, wenn sich meine Menstruationstasse in ihr entfaltet, oder wenn ich es mir richtig aggressiv mit 3 Fingern besorge. Die Rohre stottern und schmatzen und rülpsen, es ist ein Fest und endlich nicht mehr still im Badezimmer. Ich stelle mich in das nun wenige Zentimeter tiefe Wasser und hebe einen Fuß aus der Wanne. Das Notfall-Abfluss-Gitter auf dem Boden neben der Waschmaschine grinst mich fies von unten an. Es hat sich mit den maroden Rohren verbündet, um den Schaummassen einen Ausweg aufzuzeigen. Den Wannenrand zwischen meinen Beinen stehe ich nackt und triefnass in meinem Badezimmer, und beide Füße stehen gleich tief im Wasser.

scheiss sommer

ich und das meersalz
wir lecken meine wunden
die schrammen und kratzer an den beinen
als ich durch's gebüsch zwei männern entkam
jetzt verschließt das meer mir die ohren
wie betäubt, wie eingeschlossen
in einer blase
lecken das meersalz und ich
meine wunden

Lisa Bresch

Himmel blau

Ich war vier, als ich einen Sturm verschluckte.
Mamas Hände stießen mich auf der Schaukel an,
vor,
zurück,
vor,
zurück,
dem Himmel entgegen, der sich immer mehr verdüsterte, einen Sturm zusammenbraute.
„Ich kann fliegen, schau, ich kann fliegen!", rief ich, und der Wind trug meine Worte weit durch den Park.
Vor.
Zurück.
Vor.
Zurück.
Den Himmel konnte ich fast berühren, die schwarzen Federn des Raben sehen, der über mir schwebte,
die zarten Risse im Papier des purpur-weißen Drachens, der ungehalten gen Wolkendecke flog – ich streckte mich, wollte ihn halten, nur noch ein paar Zentimeter, jetzt, gleich ---

    Dann verschluckte ich den Wind.
    Er füllte meinen Mund,
    schmeckte nach Rauch und Kälte,
    wehte um meine Organe,
    sog den Regen mit sich,
    der meine Lungenflügel füllte,
    den Hagel,
    der meine Fingerspitzen taub werden ließ,
    die Blitze,
    die die feinen Haare an meinen Unterarmen aufstellten,
    die Wolken,
    die bis in mein Gehirn trieben,
    gegen meine Schädeldecke drückten
    und schließlich den Donner,
    der meine Zehen ungehalten zucken ließ.

Die braune Erde kam immer näher,
links und rechts von mir verschwommene Farben,
Grau,
Rot,
Orange,
Gold --

Ich schlug auf.

Mein Körper bäumte sich,
ich würgte,
öffnete den Mund
zitterte,
bebte,
mir schwindelte,
während es stürmisch in mir riss und der Wind fand
seinen Weg durch meine Lippen,
die Schaukel führte einen Tanz auf,
immer weg,
weg,
weg vom Spielplatz und zersprang in tausend Stücke,
die in einem Kreis zu tanzen begannen,
immer schneller und schneller.

Der Regen machte den Platz um mich herum zum See,
als sich meine krampfenden Lungen entleerten.

Hagelkörner schälten die Rinde von den umliegenden Baumstämmen.

Blitze versenkten die Erde,
ließen Nachbilder auf meiner Netzhaut tanzen.

Wolken wurden zu Nebel,
der meinen Körper verbarg.

Der Donner brachte den Boden zum Beben,
Risse bildeten sich,
die den Spielplatz verschluckten,
mich mitrissen.

Ich streckte mich,
    klammerte meine Finger in das dunkle Erdreich,
das unter meinen Fingerkuppen begann,
weg zu bröckeln.

Der Himmel stand blau und unendlich über mir,
der Wind schwieg.

Lisa Bresch

Badesalz

Der Putz bröckelte flüsternd in die gelben Gräser vor dem mehrgeschossigen Altbau. Der einstmals gepflegte Vorgarten lag verdorrt, mit kniehohen Pflanzen da.
Das verblichene Grün der Haustür gab noch vier weitere Farbtöne frei, das Treppenhaus war ein Stilmix vieler Tapetenmuster, deren Leim sich durch Staub und Zeit immer weiter gelöst hatte.
Die Haustür ließ sich nur unter größtem Kraftaufwand bewegen, die Tür zum Badezimmer nicht richtig schließen.
Das weiße Porzellan der Badewanne war stellenweise gesprungen, ein einziges lockiges Haar
kringelte sich neben dem Abfluss und bildete ein verschlungenes L.
    Ich ließ warmes Wasser ein, trotzdem die Hitze durch die großen Dachfenster drang.
    Mit meinem linken großen Zeh testete ich die Temperatur, der Nagel splitterte, als er auf den Keramikboden der Wanne traf und ließ weiße Späne auf den Grund sinken.
Mein Körper folgte meinem Fuß, mein Kopf sank unter Wasser.
Wasser strömte in die Gehörgänge, sog kleine, schimmernde Fische mit, die in die Gehirnwindungen glitten.
    Rote Korallen setzten sich an die Schädeldecke, Seetang wucherte aus meinen Ohrmuscheln.
Durch die Nase tauchten Raubfische in mich ein, schwammen die Speiseröhre hinab und knabberten an meinen Organen.
    Die Haut auf dem Fußrücken riss auf, schwarze Raucher schickten dunklen Dampf zwischen Zehen empor.
    Perlmutterne Muschelherzen umschlossen mein Rückgrat und verwandelten es in eine Kette großer Perlen.
    Quallen schwammen durch meine Blutbahnen, ihre Fangarme verströmten giftiges Sekret.

Eine Seelilie schlang sich um meinen Oberkörper
und klammerte sich an meinen Kiefer,
ihre verzweigten Blätter saugten an der
Mundschleimhaut.
Plankton irrte die Luftröhre entlang, verfing sich
in den Lungenbläschen. Algen wuchsen über mein Haar,
kringelten sich mit den Locken bis zu den
Schulterblättern.
Das Porzellan begann leise zu seufzen, Wasser überschwemmte
die Handtuchschublade und löste die Kernseife neben dem Waschbecken auf. Das Haar blieb am Spiegel kleben und bildete nun ein
welliges I.
Das Wasser leckte an den alten Eichenbalken, bis sie
weich wurden und sich langsam bogen. Dachziegel
begannen, sich von ihrem angestammten Platz zu lösen
und rissen die bemoosten Regenrinnen mit.
Karmesinrote Klinker gaben nach und regneten
auf die Gasse, die immer stiller wurde.
Das Salzwasser tauchte die Umgebung
in tiefe Ruhe, erstickte die Laute,
die aus den Nachbarhäusern
drangen und hinterließ eine glatte,
spiegelnde Fläche.

Lisa Bresch

Cecily Ogunjobi

Jennys und Jeremys

In der Bahn roch es nach Waldboden. Jeremy stieg drei Haltestellen zu früh aus. Er konnte sowas nicht aushalten. Hätte er gewusst, dass der Geruch aus Jennys Rucksack kam, hätte er sich unter ihr gehalten. So lange, bis sie sich untereinander gehalten hätten. Aber Jenny war an diesem Tag undurchsichtig. Man roch sie nur, den Waldboden. Sie hatte ihn gesehen und einfach haben müssen. Ihr alter Grund war auch schon spröde und fadenscheinig. Während sie Erde, Moos und Flechten bei sich zu Hause installierte, dachte sie, es wäre schön, jemanden zu haben, der ihr dabei hülfe. Jemanden von heute, vielleicht den Mann aus der Bahn, aber er war ausgestiegen, bevor Jenny ihn hatte fragen können. Hätte sie gewusst, dass er, Jeremy, in einem Dinosaurierland lebte, hätte sie das nicht gedacht. Aber da sie nichts voneinander wussten, unterhielten sie sich.

auto-Werkstatt

Abends ist Theresia zu kaputt, um ihre Werkstatt zu verlassen. Wahrscheinlich vom Reparieren fremder Defekte. Während sie den Aufgaben nachgeht, die sie nichts angehen, bleibt sie auf der Strecke. Ihre Kunden können sich auf sie verlassen. Lassen so viel bei ihr, dass Theresias Last keine Zulassung hat. Jeden Tag gibt es neue Probleme, die zu beseitigen sind. Theresias Seiten werden immer voller. Ihr fehlt die Zeit, selber zu fahren, also eignet sie sich an, was andere erfahren haben. In ihrer Werkstatt findet sie für alles eine Lösung. Doch wenn sie versucht herauszufinden, wird ihr Widerfahrenes vorbeigebracht.

Big chop

Wenn sie unter Leuten ist, ist sie auf der Hut. Die Lücke dazwischen ist klein. Um nicht anzuecken, zwängt sie sich hindurch. Währenddessen fällt sie auf. Ihre Haare hält sie fest. Früher hielt sie sie für umständlich. Die Hände, die sie anfassten, verhaspelten sich beim Rausziehen. Verbanden die farbenblinden Finger mit ihren schwarzen Strähnen. Verknoteten sich mit ihr. Sie ist mit ihnen gewachsen. Niemand nimmt sie ihr ab.

Der Behälter

Sie will Halt, aber er behält sie. Also fordert sie sich zurück.
Das fordere ihn heraus. Doch weil sie sich damit aufhält,
kann sie sich nicht behalten.
Behält ihre Größe nicht und wird immer größer.
Behält die Entschuldigungen nicht und sei plötzlich schuldig.
Behält die Schuldgefühle nicht und wird immer gefühlvoller.
Behält ihre Zurückhaltung nicht und wird immer haltbarer.
Sie hält nichts, was er behalten könnte.
Stattdessen erhält sie sich.

Die Schwarzmarktführerin

Nora hat einen Stand ergattert. Sie steht am Rand der Schattenwirtschaft. Ihre selbstgemachte Ware ist ein Luxusgut. Jeder kann es sich leisten. Früher wäre sie nie auf die Idee gekommen, ihr Handwerk zu verkaufen. Sie war Angebot und Nachfrage in einem. Jetzt reicht sie sich nicht mehr. Also reichert sie sich an. Mit jedem Stück, das gekauft wird, verschwindet einer ihrer Schatten. Nora wird immer glücklicher. Die Leute wollen, was sie hat. Dabei nehmen sie viel auf sich: Noras selbstgemachte Angst – ist die Marktführerin.

II.

das eis schmilzt so laut dieser tage

Lukas Friedland

durch:leben (Fragmente)

{4}

Später Abend. Kirchturmglocken in der Ferne. Aus dem Wasser tauchen drei nackte Männer mit Gasmasken auf, kaum zu erkennen. Schemenhaft ihre sich leise bewegenden Silhouetten. Einer stolpert über einen herumliegenden Gartenstuhl. Die anderen bleiben abrupt stehen, lauschen, nichts. Weiter. Der Gestolperte rappelt sich auf und humpelt ihnen hinterher. Schüsse fallen. Einige Enten flattern davon.

{3}

„Chaotische Zustände", sagt der Pfarrer und macht die Vorhänge wieder zu.
„Kann uns doch egal sein", erwidert seine Frau, die halbnackt an ein großes Plüschzebra gefesselt wurde und Striemen im Gesicht hat, da, wo ihr Mann sie behutsam und doch irgendwie fest genug geschlagen hat.
„Na ja", meint der Mann und streicht mit der Peitsche ihren Körper entlang, von unten nach oben. „Wenigstens zahlen sie noch in die Kollekte ein. Lassen wir ihnen daher ihre Menschenjagd, solange sie sich nicht allzu sehr daneben benehmen."
„Genau", meint seine Frau. Sie hat die Augen geschlossen. „Genau dort. Bitte."
Er schlägt sie auf die rechte Wade und streichelt seinen nackten Oberkörper unter dem schwarzen Bademantel. Draußen explodiert etwas.

{2}

„Komische Sachen, die wir durchleben."
An Deck des Kreuzfahrtschiffes CRUISING_love stehen ein Reiseleiter, eine Entertainerin und ein Praktikant und schauen der Leiche des Kapitäns nach, die sie soeben über die Reling gehievt haben. Alle drei sind irgendwie erstarrt.
„Kann irgendwer das Schiff steuern?"
Schweigen.

„Warum musste er auch ausgerechnet jetzt einen Herzinfarkt bekommen?", fragt der Reiseleiter und wischt sich etwas Schweiß von der Stirn.
„Wir tun einfach, als wäre nichts geschehen", meint die Entertainerin.
„Mhhh, ja, das ist gut."
Schweigen.
„Also gehen wir jetzt einfach alle wieder auf unsere Zimmer?", fragt der Praktikant.
„Ja, so machen wir das."
Schweigen. Kein Mensch rührt sich.

{1}

M. Decker blickt dem leeren und so unglaublich weißen, zu weißen, Blatt Papier nach, das im Aktenvernichter verschwindet. Das war das letzte. Alle fünfhundert zu viel bestellten Packungen sind fort. Zufrieden klettert er in den Fensterrahmen und springt.

{0}

Sein Körper fällt eine Weile und er fragt sich, ob es wohl nie enden wird. Schließlich klatscht er auf einem Müllauto auf. Der Körper wird später in einer Linkskurve vom Fahrzeugdach fallen, einen Hang hinunterrollen, in einem kleinen See untergehen und verschwinden, wird zersetzt, wird eins mit der Natur und dem ganzen wilden Zyklus.

monolog eines androgynen kindes im schwarzen mantel

hi hallo ich bin ein androgynes kind mein mantel gefällt mir
herzt mich gern auf instagram ja cool
drei knöpfe stehen ab wisst ihr noch
kauft meinen abdruck für einen euro ich signiere ihn euch gut
ich bin so verwaschen ja richtig
meine augenhöhlen sind leer ganz vergessen
das braun im hintergrund ist ja jetzt auch nicht so alltäglich
genau
ich fette mein haar
ich möchte nicht sein
ich bin nicht allein
aber fröhlich auch nicht
eher so semi-antiproportional wachsend
in der erde versinke ich nicht
bin nur auf ewig geerdet

Lukas Friedland

nach dem knall war es still

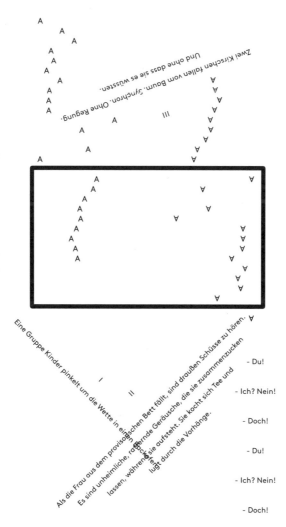

Lukas Friedland

katalysatoren einer weite
die nicht unbedingt greifbar und genauso wenig
mittelbar erscheinen würde in gedanken
(scharfe spitzen)

dein bloßes heck ragt zwischen den fragmenten empor
das abschließen der kleinen stücke
zu großen brüchen
die trümmern

das eis schmilzt so laut dieser tage
von federleichter wolkigkeit
seien deine arme und augen
ohne geschliffene kanten

wenn du verschüttet wirst
brechen wir zeitgleich im eismeer ein

Laura Klegräfe

Ich kann spucken wie ein Lama

Ich lag da, halbtot. Die Graswipfel auf Augenhöhe, ein Grashüpfer auf meinem Rücken. Ihm fehlte ein Bein, oder zwei – wie viele haben die? Mein weißer Slip war grünlich, weil es doch geregnet hatte, gedonnert, gestürmt. Ich war explodiert. Und ich bekam die Augen nicht mehr zu vor Panik. Mein Herz musste man bis in den Erdkern schlagen hören. Irgendwie waren keine Bäume auszumachen, auch kein Wind. Nur das Kreischen, das war da. Und ich muss auch da gewesen sein, wenn ich auch nicht fror und mich nicht um die Ameisen scherte, die auf meinen nackten Rücken pinkelten. Oder bissen; jedenfalls hätte ich ein Brennen spüren müssen. Wo warst du? Mein Gedankenkarussell raste, aber der weiße Elefant und die Schmetterlinge und roten Pferde, da blätterte der Lack. Die Zähne fielen klappernd raus, wurden wie ein Diskus weggeschleudert; meine schmerzten vor Hunger, und ich biss mir die Lippen blutig. Ich beiße besser als Ameisen. Wo warst du? Soll ich aufstehen, wie steht man auf? Sind Schnitte in der Brust gefährlich, es ist doch Fettgewebe. Und Nippel zum Küssen und Milchmachen wie bei Kühen. Jetzt fehlte mir einer und das Gras unter mir war fleckig, als ich mich hochhievte. Der Hüpfer flog weg, an einen Baum, fiel. Ich musste dich suchen, im Internet, alles andere war mir zu kaltgrau geworden und zu gefährlich. Aber das Internet ist herzlos.

Vor dem Krieg hatte ich einen Jungen gekannt, der hatte das Zwitschern der Vögel, ihre freien Melodien mit denen aus seinem Computerspiel verglichen und nicht andersherum: *Die klingen fast wie aus meiner Digital-Surround-Anlage!* Dabei war damals Frühling. Einer jener Frühlinge, in denen ich, erschöpft vom Schaukeln in der Mittagssonne, ein letztes Mal Schwung holte. Meine nackten Füße Richtung Baumwipfel und Himmel streckte. Und grinste. Aber so nackt wie heute hatte ich auch im Frühling nie auf einer Wiese gelegen, nie so blutig und entblößt, so entstellt. Man konnte froh sein, wenn man überhaupt überlebte. Mir war nur wichtig, dich nicht auch verloren zu haben, wie Cedric, den Jungen ohne Vögel. Ich sah nicht gut aus. Wir sind nicht Frauen, weil wir Brüste und Vagina haben, aber beides hatte mir immer gefallen. Ich fühlte mich entidentifiziert, meine Vulva tätowiert und mein Busen kaputt. Dass die

Granate meinen linken Fuß weggesprengt hatte, fiel mir erst auf, als ich rennen wollte, rennen, zum WLAN-Router und hoffentlich zu dir. Es war bunt da drin, lustig, chaotisch und gemein. Man konnte sich aussuchen, was man so wollte, Kriegsvideos oder Nachrichten gab es irgendwo im Dark Net. Sicher hätte ich das gefunden, aber wozu. *Caroline*, schrieb ich. Ich schrieb deinen Nachnamen, Geburtstag, Geschlecht, Familienmitglieder, Haustiere, Wohnort, Herkunft. *Error.* Ich versuchte einen anderen Server. *No results on your request.* Mein Wimmern mischte sich unter das Kreischen der jüngeren Kinder draußen. Ich musste zum Amt humpeln und die Liste studieren. Ein alter Mann am Straßenrand verband mir meinen Fuß und ich küsste ihn dafür, verriet ihm meinen Namen, Laura. Viel mehr konnten wir nicht geben in diesen Tagen. Die Liste war schon keine mehr, mehr ein Ordner voll mit Sternen, die über den Kreuzen so traurig aussahen. Ich suchte Caros Nachnamen, aber fand nur die Namen derer, die wir selbst hatten sterben sehen. Die Jungs nahmen sie meist zuerst mit in die Gaskammern, oder von hinten. Dann war Überleben eigentlich auch ein lachhafter Körperzustand; meiner dagegen war ein Wunder.

Ich war wirklich ein Wunder, weil mir warm war. Ich bastelte auf meinem Karussell an Geschichten herum, ich half den Familien, ihre toten Kinder zu bergen und ich hatte nie verlernt, zu singen. Ich sang einfach, wenn die Gürtel explodierten und die Fensterscheiben barsten, wenn es still war vor Trauer oder wenn wir überlebten. Ich sang nicht, wenn sich Bekannte vor dem Rechner einen runterholten oder ihre Kinder per Klick Bilder ausmalen ließen. Das Internet ist herzlos, es lügt, und es war eine dumme, einfache, farbige Scheißwelt. Sie waren feige. Du hattest mir aus Marseille ein Stück Seife mitgebracht, und anfangs wusch ich mir jeden Tag die Füße damit. Als wir unsere Duschen gegen Tümpel eintauschen mussten, rosa vor Chemieabfällen, hatte ich Angst, es zu verlieren und duschte ohne. Ich hielt es fest, wenn ich schlief. Ich ließ die Waisenkinder daran schnuppern und alle anderen, die wollten. Alle, die den Duft verloren, aber nicht vergessen hatten zwischen brennenden Schamhaaren und Eiter auf Windeln.

Als ich dich fand, konntest du nicht einmal mehr aufschreien. *Wozu noch schreien, wenn die engste Familie fort ist?* In deinen Augen kann ich alles lesen. Nichts macht sie kaputt, nichts und niemand. Ich sang dir etwas vor, aber nach der ersten Strophe brach ich ab. Es ist so schwer, im Salzwasser Oktavensprünge zu meistern. Du hast mich plötzlich in den Arm genommen und ich bin beinahe durchgedreht, weil ich dein Herz nicht schlagen hörte. Erst als du deine Hand auf meine halbe Brust und meine auf die deine legtest, die genauso nackt war, aber was machte das schon, verstand ich. Wir schlugen gleich. Wir schlugen im Takt. *Im Takt*, hast du geflüstert. *Intakt*, war meine Antwort. Und dann ließ ich dich einfach nicht mehr los.

Ich weiß bis heute nicht, wie wir bis heute gekommen sind, ohne vollends zu zerreißen, aus einem Land im Dritten Weltkrieg der Neuen Welt, aus blutigen Wiesen und Grabsteinkieseln herausgerissen. Ich glaube, dass wir gar nicht hätten sagen können, woher unsere Kraft quoll, Hoffnung hatten wir keine mehr, nur Überzeugung und Lebenswillen und damit dann doch Erstere und sowieso war alles kaputt und entzweit. Aber wir waren zu zweit und ich hatte dich immer geliebt wie eine Schwester, auch wenn ich nicht weiß, wie man Schwestern liebt, aber lieben wie die Sonne tue ich dich noch immer und die ist doch meine Schwester. Vielleicht hat meine Syntax Blessuren davongetragen und ich weiß nicht mehr so ums Sätzeschreiben. Aber wir ergänzen uns auch in der Tragödie, wie damals mit dem Herzenslied, denn du hast verlernt, wie man einschläft. Ich rede dich in den Schlaf, das geht, mit weißen Elefanten, Schmetterlingen und roten Pferden geht das. Ich hab nicht verstanden, wie ein Land, das Karussells in jedem Stadtkern zur Verfügung stellte, kriegen konnte. Und es tut mir leid, dass ich für deine Jungen nur noch beten kann und es tut mir leid, dass ich wegen meines Fußes nie wieder richtig auf die Bühne kann und es tut dir leid, dass du weinst, aber das verstehe ich auch nicht, das ist doch Lebenswasser. *Was ist mit Speichel?* Auch du redest wie ein Wasserfall, nachdem der Krieg auf den Straßen vorbei und in unseren Köpfen angekommen ist. Und ich liebe das. Und recht hast du auch noch, wir sollten spucken auf alles und alles und alles ist eigentlich ziemlich krank, außer uns. Ich weiß nicht, wie du angefasst werden willst nach dem Tod deines Mannes und seit ich ein Krüppel bin. Ich finde, Händehalten reicht nicht, und ich teste einfach aus und das machst du auch. Am Abend liegen wir eh im selben Bett unter derselben Decke, weil wir mehr nicht haben und auch nicht wollen. Du sagst, bevor du deine Augen vor Panik trotzdem nicht schließen kannst, dass du die Sternschnuppenstimme hören willst, und ich spreche und rede und sage und erzähle, was mir in den Sinn kommt. Ich erinnere mich an meine Gedichte über Mädchen, über Familien, über dich, über mich. Das alles darf sein, weil wir Barbarisches erlebt haben, und alle fremden Texte hohl klingen und feige. Und weil ich zwei Zettel gerettet habe, die mir der Mann vom Straßenrand nach dem Krieg zugesteckt hat. Er ist am Fluss auf ein Boot geklettert. Auch er hat irgendwie Überzeugung und Lebenswillen speichern können, und ich möchte ihn mal mit dir besuchen. Dann bringen wir ihm die vergilbten Papiere mit, damit er seinen Stern dazu zeichnen kann. Wir sind die drei, unter denen noch kein Kreuz steht. Und wir spucken mit dem Wind gegen alles, was wehtut und der Speichel heilt unsere Wunden und verpestet symbolisch alles, was heute noch nicht einmal *Entschuldigung* schreit, *désolé, we're sorry*. In uns ist so viel Gift, wir spucken Flüsse, und du benetzt meine Brust und ich deinen Bauch, bis sie Narben werden. Manchmal kannst du nicht mehr, und der alte Mann kann es auch nicht mehr, und ihr schaut euch dann an und denkt, jetzt ist es aus und der Krieg hat doch gesiegt. Nur verspätet, wie der Applaus nach einem Stück, dessen Ende nicht ganz klar war. Ich hole dann die Sternenzettel heraus, die bald nur noch Sternenstaub sein werden, aber heute reicht das nicht, eure Schreie bleiben. *Caro, ich erbitte ein einmaliges Aussetzen als Sternschnuppe. Ich möchte ein Tier sein.* Du verstehst nicht, und der Mann fragt, *Ein Löwe? Auch eine gute Idee, aber stark wie Löwen sind wir doch allemal!*, strahle ich. *Ich möchte für euch mitspucken, bis ihr wieder die Kraft dazu habt. Spucken, bis der Wind uns die Wassertröpfchen als Dusche zurückschickt. Ich will aus Speichel Liebe machen; ich möchte euch um die Erlaubnis bitten, euch zu küssen. Einmal, mit Zunge. Dann kann ich spucken wie ein Lama.*

Cara Biester

Macht

Meine Hände schwitzen. Sie schwitzen so stark, dass ich sie am liebsten an der Hose abwischen würde, aber das ist zu auffällig. Sie warten doch nur auf diese Zeichen von Nervosität, um uns ohne Umschweife abführen zu können. Unruhig huscht mein Blick hin und her und sucht nach etwas, das Halt bieten könnte. Doch alles, was ich sehe, verschlimmert meine Aufregung nur noch. Ich fühle mich, als hätte ich seit Monaten nichts gegessen und müsste mich trotzdem gleich übergeben. Rechts von mir liegt die große Kaimauer, links einige kleine, etwas windschiefe Häuser. Sie sind hübsch, haben verwitterte hellblaue Fensterläden, die einen schönen Kontrast zu den weißen Fassaden bilden. Aber auch ihre Schönheit kann mich nicht beruhigen. Vielmehr wecken sie noch ein anderes Gefühl in meiner Magengegend: schmerzhaftes Heimweh. Und gleichzeitig rufen sie Erinnerungen in mir wach, die ich lieber vergessen hätte. Dunkle Kellerräume, in denen die stickige Luft voll ist von der Angst, entdeckt zu werden. Eng sitzen wir aneinandergepresst. Junge Frauen in langen, halb zerfetzten Tüchern. Es stinkt nach Kot und Verzweiflung. Wir alle wissen, kaum eine von uns wird es schaffen. Ich wische mir mit der Hand über die Stirn. Das war vor drei Monaten. Und jetzt stehe ich hier. So viel ist geschehen und so viel wird noch geschehen. Und ich kann nichts davon kontrollieren. Mein Blick gleitet weiter, bis er an denen da drüben hängenbleibt. Graue Uniform, Maschinengewehre über der Schulter. Die Grauen. Ihre Füße stecken in Stiefeln, deren Bekanntschaft ich schon zu oft gemacht habe. An ihren Gürteln hängen Pfefferspray und Schlagstock. Manchmal stelle ich mir vor, eine Waffe zu nehmen und abzudrücken. Erschreckenderweise fühlt sich das gut an. Die Grauen stehen um das kleine Hafengebäude versammelt, in dem die Abfertigung läuft. Man zeigt seinen Pass, der Koffer wird durchleuchtet und man darf auf eines der Schiffe. Hinter dem Häuschen befindet sich das Schlimmste. Das Meer. Nicht besonders weit entfernt kann man Umrisse einer Insel sehen. Dorthin will ich. Oder besser gesagt: Da muss ich hin. Ich will mein Land nicht verlassen, meine Heimat, meine Familie. Denn dann werde ich wahrscheinlich nie wieder zurückkehren können, nie wieder die vertrauten Gerüche und Geräusche der Stadt hören, nie wieder durch die kleinen Gässchen spazieren. Nie wieder mit meinen Freunden, meiner

Tante, meiner Cousine, den Verwandten sprechen. Das Meer bildet ein gigantisches Hindernis, das ich höchstens einmal im Leben überwinden werde. Die ganzen Tage schon fragte ich mich, ob es nicht doch besser wäre, zu bleiben und für das Verbliebene zu kämpfen, auch, wenn das Gefängnis oder gar den Tod bedeutet. Aber mir ist klar geworden, dass es das, was ich vermisse, gar nicht mehr gibt. Es gibt keinen Ort, zu dem ich zurückkehren kann. In meinem Kopf hat sich ein Bild entwickelt, eine Art Paradies, das es nicht mehr gibt und niemals gegeben hat. Alle haben sich von mir abgewendet und das wird sich auch nicht ändern. Eigentlich müsste ich sie dafür hassen, doch ich kann es einfach nicht. Ich schüttle ärgerlich den Kopf, als könnte das die Erinnerungen verscheuchen und fasse den Griff des Koffers noch ein bisschen fester. Es ist nicht wirklich ein Koffer, eher eine Aktentasche. Hier mit einem Koffer anzukommen, wäre viel zu offensichtlich. Wer mit einem Koffer kommt, möchte fliehen. Anfangs habe ich nicht verstanden, warum sie uns nicht einfach gehen lassen, wenn sie uns doch so hassen. Jetzt ist mir klar, warum. Sie wollen uns nicht wegschicken, sie wollen uns vernichten. Damit keiner von uns auf die Idee kommt, zu erzählen, was hier vor sich geht. Aber sobald ich hier raus bin, werde ich alles erzählen. Von meiner Geburt angefangen, bis zu dem Moment, als sie mich aus dem Haus gezerrt und in ihren Wagen verfrachtet haben. Ich werde erzählen, was sie mir monatelang in all den grauen Räumen angetan haben, was sie uns angetan haben. *Fang jetzt bloß nicht an zu heulen, dann ist alles vorbei.* Wird mir überhaupt irgendjemand zuhören? Zuhören wollen? Mir glauben? Mich ernst nehmen? Woher weiß ich, dass wir ihnen nicht egal sind? Und wie werde ich jemanden finden, dem ich vertrauen kann und der mich nicht verrät? Seit ich aus den Verhörräumen fliehen konnte, traue ich niemandem mehr. Es hat mich entsetzt, dass die meisten mich nicht aus Angst oder aufgrund anhaltender Schikane verraten haben, sondern weil sie das Geld wollten. *Stopp, hör auf. Das hier ist zu wichtig, um unkonzentriert zu sein. Das ist deine einzige Chance. Morgen werden sie wissen, wo du bist und dann ist es endgültig vorbei. Also bau jetzt keinen Scheiß!* Die Schlange rückt geschlossen einige Schritte vor. Es sind nur noch acht Leute vor mir, aber das Boot ist auch schon fast voll. Wenn ich Pech habe, dann wird genau vor mir der Zugang geschlossen und das Boot fährt ohne mich. Es ist das einzige, das heute fährt. Ich muss dieses Boot bekommen, koste es, was es wolle. Noch sechs Leute. Erst eine vierköpfige Familie, dann zwei einzelne Geschäftsleute. Mach es wie sie, befehle ich mir. Sie bewegen sich vollkommen selbstverständlich, ja, scheinen sogar genervt von den kurzen Verzögerungen, die es immer gibt, wenn ein Fahrgast ausführlicher überprüft wird. Mir hallen noch die Schreie der Frau von vorhin in den Ohren, die nach einem kurzen Verhör zusammengebrochen ist und von den Grauen weggeschleift wurde. *Stopp, stopp, stopp. Hör auf damit. Du versetzt dich nur unnötig in Panik.* Die Familie passiert freundlich lächelnd die Wachposten und steigt über die Gangway auf das Schiff. Es ist verrückt. Das andere Ufer liegt nur zehn Kilometer entfernt und ist doch für mich unerreichbar weit weg. Inzwischen stehen die beiden Männer und ich neben dem Wachposten. Ich wende den Kopf und kann mein Gesicht in der spiegelnden Scheibe erkennen. Mein Gesicht ist rötlich, doch das ist Absicht. Nur dadurch kann ich das Make-Up auf meiner rechten Wange verdecken. Das Make-Up, das ich aufgetragen habe, damit man die Narbe nicht sieht. Sie erstreckt sich fast über meine gesamte Wange und hat die Form eines Vs. Verräter heißt das. Die Grauen wissen, was so eine Narbe bedeutet. Wer diese Narbe trägt, darf auf keinen Fall je wieder das Sonnenlicht erblicken. So jemand wird auf ewig weggesperrt, wenn nicht gleich beseitigt. Wie gut kann ich mich an das hämische Grinsen des Generals erinnern. Das Messer in der Hand, über mich gebeugt, erklärte er mir den Zweck dieser Methode. Ich werde mein Leben lang gebrandmarkt sein. Das V wird nie wieder verschwinden und jeder wird es immer sehen können. Vor allem ich werde es immer sehen können. Jeden Morgen, wenn ich aufstehe und in den Spiegel blicke. Und ich werde nur das sehen, nicht die hübschen Sommersprossen, nicht die dunklen grünen Augen. Nein, ich werde nur das V sehen und an ihn denken, den sadistischen Kerl. Und ich werde lernen, mein Gesicht dafür zu hassen, mich zu hassen, alles zu hassen. Unbewusst habe ich mir über die Wange gestrichen und ziehe schnell die Hand weg. Bloß nicht das Make-Up verwischen. Der erste der Männer legt seinen Pass vor. Die Personalien werden studiert, dann die zweite Seite mit den Stempeln. Ganz oben der Stempel der Reisebewilligung, dann der für das Ticket in leuchtendem Grün. Ganz unten der rote Stempel. Dieser fehlt mir. Der rote Stempel ist eine ausdrückliche Empfehlung des Präfekten, die einem alle Türen nach außen öffnet. Es ist nicht besonders schwierig, sie zu bekommen, wenn man ein ganz normaler Bürger ist. Ein Termin in der Präfektur und alles wird in die Wege geleitet. Wie gesagt, kein Problem, wenn man ein normaler Bürger ist. Für mich jedoch ein Ding der Unmöglichkeit. Trotz aller Maskierungen war es zu riskant, einen Fuß auch nur in die Nähe der Präfektur zu setzen. Ich bin älter geworden, verdecke die Narbe, habe andere Haare und Kontaktlinsen in den Augen, trotzdem ist die Gefahr, einem meiner Verhörer über den Weg zu laufen, zu hoch. Und auch die Wahrscheinlichkeit, dass sie dort einen Steckbrief mit meinem Gesicht hängen haben. Deshalb habe ich keinen roten Stempel. Damit ist noch nicht alles verloren. Man lässt auch Personen ohne roten Stempel passieren. Dann jedoch liegt es in der Verantwortung des Wachpersonals, zu entscheiden, wer vertrauenswürdig ist und wer nicht. Die nächsten zwei Minuten werden über mein Leben entscheiden. Es ist ein widerliches Gefühl, sein Leben in fremden Händen zu wissen. Tief in mir hat sich bereits die Verzweiflung breitgemacht. Sie weiß, dass ich es nicht schaffe. Und die Verzweiflung irrt sich nie. *Ganz ruhig, ganz ruhig.* Der Mann vor mir legt seinen Pass auf das dafür vorgesehene Brett. Auch er hat einen Stempel. Der Mann hinter der Glasscheibe im Häuschen setzt seine Unterschrift darunter und schiebt den Pass lächelnd dem Mann zurück. Ein anderer Grüner bedient die Schranke und lässt ihn passieren. Jetzt bin ich an der Reihe. Jetzt zählt es. „Legen Sie bitte ihren Pass auf das Brett", ertönt es durch die Sprechanlage, da liegt mein Pass bereits. Der Wachmann überprüft das Foto mit meinem Gesicht. Ich sehe ihn an, versuche ein leichtes, aber nicht zu erzwungenes Lächeln. Die rechte Hand schließt sich so eng um die Tasche, dass meine Knöchel weiß hervortreten. Der Wachmann liest weiter, stutzt, schlägt eine Seite weiter und schüttelt den Kopf. Mein Herz rast. Das wars. Auf ein Zeichen hin öffnet der andere Wachmann die Schranke und bellt „Mitkommen!" Ich folge ihm durch eine kleine Tür in ein Hinterzimmer. Dort sitzt einer der Offiziere an einem großen Schreibtisch. „Yanni Franklin?" Ich nicke und schiebe ein eiliges

„Ja" hinterher. Wie oft habe ich mir gesagt, ich wäre Yanni Franklin. Irgendwann habe ich angefangen, mich in Gedanken nur noch so zu nennen. Und trotzdem zittert meine Stimme, denn ich bin nun Mal nicht Yanni Franklin. Yanni Franklin ist vor drei Wochen gestorben. Eine lange Krankheit. Doch das weiß niemand. Die Eltern haben es nicht gemeldet, damit wenigstens ich noch Gebrauch von Yannis Identität machen kann. Yanni hat keinen roten, den Tod bedeutenden Eintrag im Register, Yanni wird nicht gesucht. Und das wichtigste, Yanni hat Verwandte am anderen Ufer. „Was ist der Grund für deine Reise?", fragt der Offizier. *Es ist alles gut,* beruhige ich mich. Reine Routine. „Meine Oma ist krank geworden. Jemand muss sich um sie kümmern. Meine Eltern müssen arbeiten, aber ich habe gerade Ferien, also kann ich hinfahren. Aber nur bis übermorgen. Dann kommt meine Tante aus dem Urlaub zurück und kann sich kümmern." Bei den letzten Worten lächle ich. „Du hast keinen roten Stempel in deinem Pass. Das ist sehr ungünstig." Seine Stimme klingt, als hätte ich gerade den größten Fehler meines Lebens begangen. „Ich weiß, aber die bei der Behörde meinten, das geht auch ohne und wir hatten nicht genügend Zeit, um den Stempel zu beantragen. Es musste schnell gehen mit Oma, ich meine", ich schlucke, „wir wollen nicht zu spät kommen." Blaue Augen mustern mich. Ist das Make-Up verwischt? Nur mit aller Kraft kann ich den Impuls unterdrücken, mir über die Wange zu fahren. „Ich werde mit dem General sprechen." Seine Stimme ist so abweisend, dass meine letzte Hoffnung schwindet. Es dauert. Zwei Minuten, vielleicht drei. An der Wand hängt das Portrait des derzeitigen Präsidenten, der mich mit strengem Blick anstarrt, als wolle er sagen: „Hör auf zu fliehen, du Feigling. Mir entkommst du doch nicht. Stell dich, kämpfe!" *Stopp, falsche Gedanken.* Es knarzt und der Offizier kommt zurück. Hinter ihm eine zweite Gestalt, die stur auf meinen Pass starrt. Erst kurz vor mir bleibt sie stehen und hebt langsam den Blick. Blaue Augen starren mich an. Ich hole tief Luft und starre zurück in diese Augen. Augen, die über mich bestimmen werden. Über meine Zukunft, mein Schicksal, mein Leben.

Sarah Stemper

trainstation feeling, klappe die 398te

Du gehst.
Und ich ziehe den Knoten
aus der Strickmasche zwischen uns,
ein viel zu kratziges Garn,
zu oft geflickt,
über Jahre hinweg.
– ist mir zu eng geworden
ständig deinen Atem einzuatmen –

Ich gehe.
Klettere ganz verboten
übers stechwespengelbe
ATTENTION-IMMIGRANTS-Schild,
gebe meinem ekelhumanen Harndrang
an nem Busch nach, schickt
da etwa einer nen Grenzkontrolleur
mit Konventionszwang nach mir?
– war überall Weltenbürger und
doch Ausländer mit dir –

Wir rennen vielleicht
gleichzeitig voreinander weg
an zwei + unendlich Orten.
Pick dir ruhig ein paar Wildhimbeeren,
ein großstadtnebelfarbener Fuchs
hat auf sie gekotzt.
Nehm mir lieber gleich
den Fliegenpilz, blutliebesrot.
– Zehstoßtränen, die ich wein –

Bis ...
wir uns,
nachdem du, ich, er, sie über Grenzen rann,
(wie war dein Rucksackwort),
wenn ...
irgendwie, irgendwo, irgendwann,
wir uns,
in einem Social-Media-Kohort,
wir uns,
naja, wiedersehen,
dampfen unsere Körper
vor verbrannt gelöschten Emphatiestromnetzen.

(Kann ja sein,
dass [wir] uns an den Fenstern
der entgegengesetzt
fahrenden schreienden Arbeitszüge,
mit denen wir jeden Tag pendeln,
wiedererkennen, wiedertreffen ...
Aber auch widersprechen.
An die Fenster gequetscht.
Nicht nur für Sekundenbruchteile.)

Sarah Stemper

Aufgeplatzte Fertigteigdosen

Aufgeplatzte Fertigteigdosen
und ein Backpapiernotizblock
sind alles, was du mir schenkst.
Und jetzt zock
ich mit den ganzen Losen
in deinem Lottospiel-Herz, du versenkst
dabei jedoch die Kugeln heimlich
unter deinem Elefanten-Frühstücksbrett
mit bereits pinkverblasstem Gesicht
(hast es wohl zu heiß gespült).

Vergeblich
suche ich Augenkontakt, ein Feigheitslazarett
hast du schon lang betreten, vergisst,
wie oft ich mir in
unserer Beziehungs-Patchwork-Decke die Finger wund
gestochen habe,
eine Fischatemträne läuft bis zum Kinn
(bei mir oder bei dir),
ich weine und
hätte die Decke am liebsten bepisst.

Vor unserem Fenster geht einer,
den ich nicht analysieren kann
(warum wohnen wir im Erdgeschoss),
mit Schnappatmung dünner kleiner
renne ich ins Bad, wann
hast du mir nochmal den letzten
Abschiedskuss gegeben, als du zur
Arbeit bist?
Die von der fake Parfümluft verletzten
Sonnenblumen trösten nur
in ihrer Sprache.

Da im Spiegel ist eine Frau mit
hässlich verschmierter Wimperntusche, die
nach fuck Mikroplastik riecht
(vielleicht hat das deine Serotoninaxone verklebt),
und mit einem Schnitt
sind die Strohhaare ab, wie
findest du jetzt das, unsere Beziehung kriecht
schon lange zwischen Backpapiernotizblock
und Fertigteigdosen
(beim Öffnen wieder ein Schnitt,
der Möchte-Gern-Arzt hats vernäht).

Natürlich kann ich versuchen,
mit dem Backpapier Weltenverbesserungsideen
(eh hoffnungslos im Kapitalismus)
und mit dem Fertigteig Brot für die Welt
zu backen.
Aber ich glaubte, ich sei dir wichtiger,
so zum Ende unserer Beziehung hin.
Ein Danke hätts auch getan.

das opfer der narzisstin

halte sicherheitsabstand,
trage schließlich n serviettenkleid
– ausm biomüll gekramt –
sie könnten mich leicht
zerschneiden, deine sektglasscherben,
ausm tedi geklaut

bohr mein klebriges 15-jahre-fleisch
in unsre rauchvergilbte küchenwand
[six feet underground]
während du mich ...
seh, hör, riech nur die zuckernoten
bei dir – synästhesie –

müde augen starren agitativ
vom küchenfenster zurück,
aufgeschürfte knie,
brauch halt dich, um ganz zu sein
– wie eine narzisstin –
schade ich dir und mir (?)

mama, du bist nicht du selbst,
zerleierte klamotten, verfettete haare
– trockene heizungsluft –
dein leergeschossenes paralysegesicht
– mama, es bist nicht du, die mich ...
(–)
– mama ... lauf schlittschuh auf ner eisscholle für dich

wie lange halte ich sie noch aus, deine
SCHIZOPHRENIE,
meine „mama" (?)
[den kehlkopf nach all den schreien fast hochgewürgt]
brauch das gar nicht fragen,
komm doch eh zurück zu dir

… und wenn ich nem blitzableiter
nur wie n rabe ohne beinchen entkomm
… und wenn mein kopf zerplatzt
wie n lufballon, weils zu heiß geworden ist
… vielleicht war es meine liebe zu dir, und deine wut auf mich
– will ichs mir eingestehen?
[wie ein falter das licht]

[panoramafarbig]

sortier mein leben aus,
irgendwo
zwischen post-urbanisierung und
regenwalddemos –
(u-o-a-schmerz-orang-utan-gekreisch).
pendel zwischen ausrutschwanderwegen und
zu steril gewischten hotelfluren,
cinderella-schuhe auf dem gang,
sie gehören niemandem.
affengesichter im manager-raum,
haben sich überfressen,
kirschen, bauchkrampfsüß –
(finanzpapier-stress-geblätter-telefon-alarm).
so vieles, was ich nicht brauch.

und ich kram noch ein bisschen weiter,
in zefledderten bafög-briefen und
kaffeefleck-postkarten von dir.
spür dein zündkerzenschwingungsfeld
über stadt- und hautgrenzen hinaus –
(tick-tick-tack-drei-jahre-funkstille).
plastikkreisel aus silvester-crackern,
die auf dem bananenschmieriggewölbten uhrglas
tanzen, koordinationslos
dein ihr taktgefühl,
dünn wie eine unbrauchbar zerkratzte schallplatte –
//kontaminiert von eigener return-abspiel-nadel?//
(angeblich-samba-vulkantanz-gestepp).

ich schmeiß alles auf den boden,
egal wo,
matsch, blutasphalt, schredder –
ich könnt ja die centstücke
aus meinem schein-wohlfahrtsbürger-portemonnaie
versuchen, in meiner hand zu verbiegen.
oder mit ausgetrockneten acryltubendeckeln zu bekleben.
mehr wertegleichheit
in dieser kinder-murmelspiel-skyline.

ist das geistige auge
doch immer panoramafarben.

warum bin ich
nicht ~~zuhaus~~, der
virtuelle papierkorb raschelt
wenigstens nicht so sehr –
(tipp-tapp-tinnitus-gehirnhämmer-ohr).

Sarah Stemper

Mit „Migranten" umgehen

Chinesischer Blauglockenbaum,
chang wo, besinge mich.
Hier im backyard, yards weg
vom Rückfall in den Hass hinein.
– ahora juego JUGAAD en el jardín –

Mit Papphammer und Plastiknadel
auf zum Bau unserer Welt:
neue Worte, Gedanken, eine neue Sprache,
eine geteilte Intentionalität
in unseren mehrsprachigen Herzen

spüre ich es, die Glocke des
chinesischen Blauglockenbaums schellt:
eine Klettereinladung ohne Vorurteile,
jeder Busch eine Station
in den ruhigen Seewasserhimmel
mit seinen netten Großvateraugenbrauen.
– infinity is the limit –

Luftigleichte liberté
mit unserer mehrsprachigen Sprache
vom biomassigen Streben nach Liebe,
ich schiebe
die Äste noch ein bisschen weiter nach oben,
no franca language, no wall.

Blattschicht für Schicht im Wind schwingend:
it's flourishly flowing into my fingers,
almost bursting,
jeder mit seiner eigenen Heckenschere unterwegs,
entschwindende Eintönigkeit,
eine staubaufatmende Antikenskulptur:
– una revolución que viene de pena –

Sarah Stemper

Spielen wir alle unseren Part
in einer Non-Kakophonie,
die für die next generations recorded wird:
hollywood potential.
Fiesta de espuma von oben, extra viel Lachschaum,
hecho de las acid drops of our haters.
Thou shall be asked:

Verbinden uns nicht zumindest die Schnüre
unserer Sweatshirts?
Oder unsere materialgleichen
Hautschuppen?
Ist evolutionärbewiesene Nächstenliebe
nicht ad nauseam unsere MUTTERSPRACHE?

Chinesischer Blauglockenbaum,
chang wo, besinge mich.
Und let white pigeons
– a sweet pie gen uns –
unsere Hände streicheln.

momente der wahrheit, ganz nüchtern

am ehrlichsten bin ich,
wenn ich nach regen stinke.
nach regen.
ob atom oder blut,
ich weiß es nicht,
wer sie (ht) dich keiner –

versuch mamas
schalfetzen aufzufangen,
mit nem gedankenkaugummi-angeschmutzten
bis zerbrochenen glas.
läuft auch nur ein bisschen über,
zu meinem wellensittich herunter,
von pappwänden zerquetscht.
war vielleicht ich.

noch weniger flügel
auf dieser von kaliumverbrannten federn
getragenen welt,
neurodivergenzen springen wie flöhe
in deinen fahrradhelm,
unter meine fingernägel,
und ich fang hier den regen,

um uns abzukühlen,
vom 10.000-meter-sprint,
10.000-meter über der zeit,
und du, unantreffbar,
auf der schlagdurchlöcherten parallelbahn.
und ich lüg dich an:
es wird alles wieder gut.
mein hirschgeweih aus dissidentem muschelkalk
bröckelt ab.

ich versuch sie aufzufangen,
einzufangen, zu besitzen:
meine augensplitter,
und irgendein vakuum.
es tut mir leid –
zerfall zieht zynisch zermürbungslinien
(ins glas dessen dem meins ich)

am ehrlichsten bin ich,
wenn ich nach regen stinke.
nach regen.
ob atom oder blut,
ich weiß es nicht,
wer sie (ht) dich keiner –

schreibe mit einem vertrockneten olivenzweig
kyrillisch in dein gesicht:
"du hast vergessen das licht im schlafzimmer auszumachen"
[?#+*?§]

Sarah Stemper

kaputter reißverschluss

sie, sie. die: die eine, die. *keine entschuldigung.* gehen entlang, entlang. irgendnen kindheitsbach, jetzt bedeckt mit. uv-deckenden gründecken, anders als bei. zu massiv für legosteinchen, sie sagt, dass. wasserschnelllebigkeitsgeräusche. wusch. radiert uns aus. ihr vorgeschobenes firmament. und wenn, und wenn. ich überhaupt noch ich bin, ich. funktioniere. aber nur noch in. rigiden casinohemden. befleckt(e). kein platz für spontane regungen. transparzengesichter. versuch sie zu füllen. mit. nichts und polarlichtern. auch wenn artifiziell im labor hergestellt, sodass. sie, sie. die: die eine, die. wie sich das licht faltet. so filterkonform. vielleicht, weil. selbstgefälligeinsetzbar. zwischen pi-ungenauigkeit und elektromagnetischen gesetzen. versuch ich. zirkelkorsetts behindern. und nicht von der platte falle. gehen entlang, entlang. selbst japanische himmelslichter verbrennen sich selbst. krepppapierundicht, illusionär. //unterworfen// imaginäres feuerbändigen: könnt ja ne maske tragen. aus sand und. hauptsache: uhrwerksnarben. pflanzenatem verschwommen. *keine entschuldigung.* nicht dafür, dass sie. dass. nutellaklebrige graffitiwand. halt es rarer, halt. es nicht fest. das. schmetterlingsflügelzerbrechlichkeit. ihrer, meiner, unserer. seit. seitdem. salzwasser auf unseren pulskörpern. hier. garstige großstadtgassengosse. bin nur noch eine marionette deiner bewegungen. *keine entschuldigung.* dir dich und mein. still disputierte doppelmoralität, schuld wahrheitsverschiebbar. sie, sie. die: die eine, die. parasitenbefallen. der die das. stotterndes re-return-re-play. platzwunde. dort, und der schnitt, der. irgendwo anders. blut. die farblosen. rotkehlchenspuren im gesicht.

                                         sie sagts. ohne gravitationskraft.

III.

aber es gibt keine Welt

Fanny Haimerl

Die Sallerin

Vor dem Haus meiner Großmutter staut sich die Hitze – sie ist wie eine Wand. Tagsüber schließen wir die Fenster und ziehen die Vorhänge zu, doch nachts, wenn wir lüften, kommt die Wärme auch ins Haus. Die alte schwarze Hündin gräbt sich Kuhlen in die trockene Wiese. Tiefer in der Erde liegt sie kühl. Der schwarze Kater ist in diesem Sommer dünn geworden. Er verliert das Schwarz und putzt sich immer seltener. Wenn er Milch trinkt, hat er lange einen weißen Bart. Meine Großmutter wird in diesem Sommer 85.
In den vergangenen Sommern ging ich mit ihr und der schwarzen Hündin oft zur Sallerin. Die Sallerin wohnte auf einem Weiler im Wald. Bei ihr holten wir Eier und Honig. Auf dem Weg durch den feuchten Wald stützte sich meine Großmutter auf einen Kinderwagen. In diesem saß kein Kind. Ohne Pause tobte die schwarze Hündin im Moos und zwischen Heidelbeersträuchern. Begeistert sprang sie weit ausholend von uns weg hinter einem Reh her. Genauso begeistert kehrte sie immer wieder zu uns zurück. Freudig begrüßte sie die beiden Dackel, die ihr schon im Wald entgegenkamen.
Über den Kronen der Bäume lag eine Decke aus dem Surren der Honigbienen von Sallerins Mann. Dort, wo sich der Wald für den Hof öffnete, begegneten uns schon die ersten Hühner. Ihre Eier waren gut. Die Hühner lebten im Wald und kamen nur nachhause, um ihre Eier zu legen.
Auf der Wiese um das Haus herum grasten Schafe. Einmal ließ mich Alois bei der Geburt eines Lämmchens helfen.
Die Großmutter redete bei unseren Besuchen viel mit der Sallerin und ich hatte Zeit, die Maikätzchen zu streicheln. Es gab viele davon auf dem Hof. Sie wollten meine Zärtlichkeiten nicht.
Die Sallerin war erst vor 40 Jahren auf den Hof gekommen. Von ihrem Leben in der Großstadt erzählte sie viel. Sie war Wirtin in einem Stüberl am Tennisplatz. Wie sie sagte, kehrten alle Promis der Stadt bei ihr ein. Sie kannte alle: Politiker, Schauspieler, Sportler. Sie war sogar mit Thomas Gottschalk befreundet. „Wetten, dass …?" hat sie zusammen mit ihm in ihrem Stüberl entwickelt.
In ihren Geschichten erzählte sie sich selbst in die Welt der Großen. Sie wurde Teil der Illustrierten. Alle kehrten bei ihr ein.

In der oberen Stube des Bauernhauses standen in den Regalen der Schrankwand aus Eiche Abgüsse von Rokokofiguren aus der Nymphenburger Porzellanmanufaktur. Figuren des Adels. Diese Figuren polierte sie und stellte sie zu Gruppen zusammen. Auf gepflegte Vorhänge legte sie viel Wert.
Dort war ich immer glücklich. Ich streichelte Katzen bei einer, bei der auch die ganze Welt zuhause gewesen war. In ihrem Schlafzimmer standen große Dosen mit Süßigkeiten, eine mit Maoams, eine mit Haribos, eine mit Karamellbonbons, eine mit Schokolade. Zu meinem Geburtstag füllte sie jeden Sommer damit eine Apothekenplastiktüte und brachte sie auf den Hof meiner Großmutter. Sie kam mit zwei Langhaardackeln. Mit den beiden saß ich dann unter dem Tisch. Von da unten hörte ich der Sallerin zu. Sie war mit Franz-Josef-Strauß auf der Jagd im Regensburger Fürstenwald. Er hatte einen Zehnender geschossen. Es war eine aufregende Treibjagd gewesen. Danach kam auch der Fürst zu ihr ins Stüberl. Auch für mich war das eine gute Geschichte. Wenn ihre Geschichte vorbei war, roch ich nach Hund. Der Geburtstagskuchen, den sie mir mitbrachte, verschwand Stück für Stück in der Kittelschürze meiner Großmutter. Danach freute sich die schwarze Hündin darüber. Wenn die Sallerin weg war, meinte meine Großmutter immer: „Die Sallerin erzählt wieder ihre Storys. Ihr Lügen erkennt man immer, wenn sie zur Seite blickt". In diesen Sommern war mir Wahrheit oder Lüge egal. Es vergingen viele Sommer.
Vor dem Haus meiner Großmutter staut sich die Hitze – sie ist wie eine Wand. Wir haben seit Tagen das Haus nicht verlassen. Meine Großmutter braucht frische Eier. Sie schickt mich zur Sallerin. Die Hündin erhebt sich schwerfällig aus ihrer Sandkuhle. Meiner Großmutter ist der Weg durch den Wald in diesem Sommer zu lang. Die Sonne hat den Wald braun gefärbt, das Moos ist vertrocknet und knistert. Die Decke aus Summen ist leise geworden. Die schwarze Hündin geht nur wenige Schritte vor mir. Den Hühnern begegnen wir schon im Wald. Es sind sehr viele. Ihre Flügel strecken sie gespreizt vom Körper weg. In diesem Sommer begrüßen uns die Dackel nicht. Erst vor dem Haus sehe ich einen der beiden alleine im Schatten liegen. Er steht nicht auf, als er uns sieht. Den zweiten Dackel

hat der Mann der Sallerin mit dem Traktor totgefahren. Die Lämmchen auf der Wiese sind groß geworden, ihr Fell ist filzig und braun vom Staub. Niemand hat sie geschoren.
Auf dem Weg ins Haus sehe ich viele Katzen, auch unter dem Vordach des Hauses liegen in einer Schachtel viele kleine Kätzchen. Ihre Augen sind verklebt. Noch sehen sie süß aus. Wenn die Sallerin sie großgestreichelt hat, erschlägt ihr Mann sie mit der Schaufel und wirft sie in den Wald. In der Nacht holen sie dann die Füchse.
Ich gehe in die obere Stube der Sallerin. Allein, denn die Beine der schwarzen Hündin tragen sie nicht die steile Treppe hinauf. In der Küche stapelt sich ungewaschenes Geschirr, Verpackungen von Fertiggerichten quellen aus dem Müll, Katzenfutter liegt am Boden. Vertrocknete kleine Mäuse, die die Katzen der Sallerin zum Geschenk gebracht hatten, liegen auf dem Teppichboden. Es riecht nicht gut, der Mann von der Sallerin raucht sehr viel. Die Sallerin liegt auf dem Sofa, ich setze mich neben sie. Sie ist dünn geworden, ihre Haut ist wie eine leere Hülle. Ihre schweren Brüste hängen schlaff herab, die Rokokofiguren glänzen nicht mehr.
Sie spricht über ihre Krankheiten: Herzprobleme, Wasser in den Beinen, Gichtfinger, Leberzirrhose. Und dann spricht sie weiter. Sie spricht über ihre verlorenen Kinder. Sie hat sie solange geschlagen, bis das Jugendamt kam. Sie spricht davon, dass ihr Sohn in 26 Kindergärten war. Sie schlug das Kind immer wieder. Vom Tennisstüberl spricht sie nicht mehr. „Wenn ich jetzt rausgehen würde, würde ich tot umfallen", sagt sie.
Die Eier liegen in einem großen Korb. Als ich sie in den Karton legen möchte, zerbrechen sie. Glibberiges Eiweiß schmatzt über meine Hände, der gelbe Dotter färbt den grauen Karton. Wenn Hühner schwitzen, werden Eierschalen dünn.
Ich gehe ohne Eier nach Hause.
Der Wald ist trocken.
Die schwarze Hündin geht hinter mir.
Es ist leise im Wald.
Die Äste zerbrechen unter meinen Schritten.
Als ich nachhause komme, sagt die Großmutter, dass der schwarze Kater tot ist. Er ist im Müll.
Ich habe sein Schwarz verloren.

Victor Schlothauer

stell keine Fragen. nicht einmal
Aufrühren trägt sie davon.

was du sehen willst | hält sich nicht
über dem Dunkel und stirbt. in dir
ist die Leere   ein raues Gewinde.
Geschwür. | deine Hände,
das | Zittern der Hände, | die Unruhe, deine.
die Kreise, die
                 weißen
Knöchel, die Hand –
ist ein Augentier, | sprich:
du bist nur im | Vorbeigehen | sichtbar.

wie kannst du
sehen | wollen
und
gesehen-sein?

[Stille]

stille das Licht,
das ich klaube, im Schweigen-
wollen
mit dir, das ich schlucke,
um tiefer –

stiller zu fallen
als jemals ein Wasser,
ein Wort.

der Wunsch, Kreise zu ziehen,
von blühenden Zweigen,
wie Wasser, durchstoßen.
Dunkelheit ausblendend. gleichgültig, ob.

Stille ob Atemholen, es kündet vom Selben.
Hohlraum im Herzen,
faust-
groß. für den Steckling.

ich rede.
er teilt mich entzwei.

i.
wenn es schmerzt,
kehrn wir an dieses
               und jenes
                             Ufer
zurück,
wenden wir uns dem Wasser zu
kehren wir diesem und jenem den Rücken,
kehren wir um –

aber es gibt keine Welt.

ii.
Wir wissen beide um die Ordnung, der du nachgibst.

iii.
todbringend sich-lösende
Sohlen und warmer Geruch
langgliedrigen Regens

durch Pforten, die Fallbeile sind.
in zerlaufenen Schuhen; im Spiel
ordnen wir die Gewalten.

Lisa Marleen Allisat

Bergmann

Als er die Hütte erreicht hatte, drehte Martin sich um. Direkt vor ihm fiel der Berg steil ab in die Felswand, die er von unten gesehen hatte. Den Weg rechts war er gekommen. Links verliefen die Berge in geraden Hängen hinunter ins Tal, wo der Boden mit grüngelbem Gras bewachsen war. Hier oben gab es nur noch Steine und Wasser. Martin setzte seinen Rucksack ab und lehnte ihn an einen Wegweiser mit bunten tibetischen Fahnen. Der Wind trocknete den Schweiß an seinem Rücken, ihm wurde kühl. Hinter Martin stand die Hütte. Sie war aus Stein und hatte rote Fensterläden. Mit Elise war er vor drei Jahren hier hoch gewandert, er hatte es anstrengender in Erinnerung. Da war er zum ersten Mal mitgekommen, kurz nachdem sie angefangen hatte zu arbeiten und sie sich eine gemeinsame Wohnung leisten konnten. Martin stellte sich vor, wie leer die Wohnung jetzt sein musste. Er hatte seine Sachen schnell gepackt, er konnte sich nicht daran erinnern, ob er die Fenster überhaupt geschlossen hatte.
Martin nahm seine Flasche aus dem Rucksack und trank. Die Tür der Hütte quietschte. Ein Wanderer kam heraus und legte im Laufen die Schnüre der Stöcke um seine Handgelenke. Er nickte Martin zu. Er nahm den gleichen Weg, den Martin gekommen war. Martin fragte sich, ob er heute noch zur Hütte am See wollte, das wäre weit für den Nachmittag, oder ob da noch eine andere Herberge war.
Martin nahm seinen Rucksack und ging in die Hütte. Das Parkett knarrte. Er öffnete eine Tür, auf der „Gaststube" stand. Rechts war ein Kamin, groß, quaderförmig und mit Kacheln belegt, der Wärme abstrahlte. Daneben standen Bänke und ein Tisch. Nach hinten ging der Raum weiter, Martin konnte Menschen sehen, die Karten spielten. Er ging zum Tresen. An der Wand hingen Regale, auf denen die Gläser standen und daneben eine Zeichnung der Berge. Der Hüttenwirt kam durch eine offene Tür aus der Küche. „Grüß Gott", sagte er.
„Hallo", sagte Martin. „Haben Sie noch einen Platz im Lager?"
Der Wirt nickte. „Unten oder oben? Vom Stockwerk her."
„Oben ist gut", antwortete Martin. Der Wirt beugte sich hinunter, um etwas aufzuschreiben.
„Mit Abendessen und Frühstück?" Martin nickte.

„30", sagte der Wirt. Martin setzte den Rucksack ab und holte das Geld heraus. Der Wirt nahm es.

„Und nächstes Mal lässt du den Rucksack besser im Flur stehen, hier ist es sonst zu eng." Martin nickte und der Wirt gab ihm eine Rechnung.

„Abendbrot ist um sieben, Frühstück bis acht Uhr dreißig. Ich zeig dir das Lager." Sie gingen in den Flur und Martin stellte seine Schuhe im Trockenraum ab. Der Wirt führte ihn eine enge Treppe nach oben in das Lager. Mehrere Matratzen lagen dort erhöht direkt nebeneinander, davor war ein Kleiderständer, an dem ein paar Rucksäcke lehnten. Die Fenster waren klein und in dem Raum war es düster, obwohl es draußen noch hell war. Martin konnte sich nicht mehr erinnern, ob er mit Elise in dem gleichen Lager oder in einem anderen, weiter den Flur entlang, geschlafen hatte. Er bedankte sich und der Wirt nickte und ging. Martin hörte seine Schritte auf der Treppe.

Er schaltete die Lampe an, aber er sah kaum besser. Es war kalt. Martin stellte seinen Rucksack auf eine Matratze, legte seine Jacke darauf und ging nach unten.

Er bestellte in der Gaststube ein Bier und setzte sich an einen Tisch am Fenster. Draußen war alles nebelweiß.

Elise hatte ihm erzählt, dass ihre erste Hüttenwanderung mit ihrem Vater in den Alpen ihre beste gewesen war. Sie war damals in der achten Klasse gewesen. Danach waren sie immer wieder gewandert. Als Martin und sie sich kennengelernt hatten, hatte sie ihn mitgenommen. Zuerst hatte er nicht gewollt, nach ein paar Jahren hatte sie ihn doch überzeugt. Danach war er öfter mitgekommen. Martin sah aus dem Fenster, jetzt sah man wieder die grauen Berghänge.

Seine Mutter hatte es nicht gut gefunden, dass er alleine in die Berge wollte. Sie hatte Angst um ihn gehabt, hatte ihn zur Seite genommen und ihn gefragt, ob er sich etwas antun wolle. Nein, hatte er gesagt, ich lasse euch doch nicht allein. Die Mutter hatte sich entschuldigt und ihn umarmt. Ich bin doch in einer Woche wieder da, hatte er gesagt.

Martin hörte den Klingelton ihres Festnetztelefons, dann sah er wieder Elises verbeultes Motorrad vor sich auf der Straße liegen. Er vermisste sie.

Martin war von den Geräuschen der anderen im Lager aufgewacht. Ihm war kalt. Er sah auf seine Armbanduhr. Es war sechs Uhr dreißig. Er stand auf und ging sich die Zähne putzen, dann zog er seine Wandersachen an und packte alles wieder in den Rucksack. Er stellte ihn unten in den Flur und frühstückte in der Gaststube. Dann ging er los. Es war kühl und

wenige Wolken zogen über den Himmel. Erst am Nachmittag sollte es regnen, hatte der Hüttenwirt gesagt, hinter dem Berg vielleicht schon eher. Wenn er sich beeilen würde, wäre er vorher bei der nächsten Hütte. Der Wegweiser wies vier Stunden aus.
Martin ging den Berg hinauf über den Weg aus kahler Erde, dann aus Stein. Er sah nach unten, um nicht auszurutschen. Irgendwann machte er eine Pause, um seine Fleece-Jacke unter der Windjacke auszuziehen. Elise hatte ihm das gesagt, am Anfang muss man immer anhalten und etwas ausziehen, sonst wird es einem zu warm. Martin schwitzte und beeilte sich, die Windjacke wieder anzuziehen. Der Wind war kalt. Die Hütte lag schon weit unter ihm. Er ging weiter, das Geräusch eines Baches wurde immer lauter. Das Wasser floss über den Weg. Martin blieb in der Mitte auf einem Stein stehen und sah nach unten. Das Wasser hatte es leicht, es musste nicht aufpassen, sich an den Steinen zu verletzen. Er wollte dem Wasser hinterherspringen, mit hinunterfließen, ohne sich weh zu tun. Das wäre einfach. Er ging weiter.
Auf den letzten Metern hoch zur Kuppe führte der Weg über ein Geröllfeld. Mehrmals wackelten die Steine und Martin musste sich abstützen. Elise war immer vor ihm gelaufen, da hatte er gewusst, wohin er treten musste. Zwei Wanderer kamen Martin entgegen und grüßten ihn.
Auch auf der Kuppe lag Geröll und Martin stützte sich am Gipfelkreuz ab. Es war aus Metall, daran hing der Kasten mit dem Gipfelbuch. Martin klappte den quietschenden Deckel hoch und nahm das Buch heraus. Er blätterte durch die Einträge und fand den August vor drei Jahren. In Elises Handschrift stand dort unter dem Datum: „Bei tollem Wetter konnten wir hier oben die schöne Aussicht genießen. Hier könnten wir für immer bleiben. Martin und Elise aus Wien". Martin sah auf. Aus dem Tal zog eine lichte Nebelwolke in Richtung einer hohen Felswand gegenüber. Oben auf den Hängen lagen kleine Schneefelder. Weit hinten waren die Berge komplett weiß. Dort musste schon Italien sein, hatte Elise gesagt. Martin blätterte zum letzten Eintrag. Er setzte den Rucksack ab und nahm einen Stift heraus.
„Heute bin ich zum zweiten Mal bei kaltem und windigem Wetter hier hinauf gewandert. Martin". Die Nebelwolke würde sich an dem Hang gegenüber auflösen. Martin schrieb „und Elise aus Wien" hinter seinen Namen. Er steckte es zurück und machte sich an den Abstieg. Nach einigen Metern blieb er stehen und überlegte, ob er zurückgehen und Elises Namen wegstreichen sollte. Dann tat ihm Elise leid und er ging weiter.

Martin war gleich nach der Beerdigung losgefahren. Ihm gefielen die Angehörigen im Anzug und mit den schwarzen Hüten nicht. Es half ihm nicht, zu wissen, dass auch sie litten. Elise hatte Milch kaufen wollen. Sie hatte den Motorradhelm vom Haken genommen und ihn auf die Wange geküsst.

Martin kam vor dem Regen in der Hütte an. Er bezahlte und saß den restlichen Nachmittag und Abend in der Gaststube. Die Hütte war kaum besucht. Martin ging vor der Hüttenruhe ins Bett. Am nächsten Morgen wachte er früh auf. Er sagte dem Wirt, dass er nicht frühstücken würde. Er gab Martin das Geld zurück und Martin ging los. Es nieselte und über ihm standen Wolken und umgaben die Bergkuppen. Martin ging hinter der Hütte auf einen Weg, den der Wegweiser auswies. Fünf Stunden über die Scharte bis zur nächsten Hütte. Martin ging in Richtung der Scharte. Als der Weg zur Kuppe abzweigte, nahm Martin den kleinen Umweg. Er stellte sich vor, dass Elise einfach einen anderen Weg nahm als er und dass sie sich oben treffen würden. Der Gedanke erleichterte ihn.

Der Weg war kaum mehr zu erkennen, nur durch die Markierungen wusste Martin, wo man gehen konnte. Immer sahen die Steine so aus, als würden sie bald abrutschen, dann hielten sie doch, wenn Martin darauf trat. Der Nebel war hier oben dichter, Martin konnte vielleicht dreißig Meter weit sehen. Irgendwann hörte der Hang auf. Er war oben. Martin setzte seinen Rucksack ab. Er sah sich um, alles war weiß. Er war auf einem Berg, der zu einer Insel geworden war. Wie in einem Haus ohne Wände fühlte er sich. Er konnte sich nicht vorstellen, dass hinter diesem Nebel irgendetwas liegen sollte, dass die Welt irgendwo weiterging. Hier könnte er warten.

Martin setzte sich auf einen Stein. Er nahm einen Nussriegel aus dem Rucksack. In zwei Tagen hatte er vier Scheiben Brot und nur einen kleinen Teil von dem Käse verbraucht. Riegel hatte er noch eine Packung voll. Mindestens vier Tage würde das Essen noch reichen, wenn er weniger aß, dann eher sechs. Kleidung hatte er für fünf Tage mitgenommen und wenn er nicht in den Hütten frühstückte, könnte er vielleicht noch ein- oder zweimal mehr übernachten. Dann müsste er zurück. Wohin? Martin sah nach oben, er sah nur den Nebel. Wohin zurück? Er konnte sich nur an die Steine, seine kleine Steininsel erinnern, alles andere gab es nicht mehr. Alles andere war weiß.

Irgendwann wurde Martin auch mit zwei Jacken kalt. Er ging den Weg langsam zurück. Der Nebel wurde durchscheinender und um Martin herum wurde die Welt wieder größer. Martin sah nur nach unten, trotzdem rutschte er manchmal aus. Elise musste doch vorne laufen. Martin traute sich nicht, sich umzudrehen.

Als er fast dort war, wo sich der Weg zu der Scharte abzweigte, war der Nebel weggezogen. Erst verlief der Weg eben, dann stieg er an. Hinter der Scharte war der Abhang steil. Martin hielt sich an Steinen oder Erde fest. Unter ihm rutschten immer wieder Kiesel ab. Martin kam an einem Kreuz für einen abgestürzten Wanderer vorbei. Das dünne Holz war von einem kleinen Kieselhaufen umgeben. Martin hob einen Stein auf und legte ihn dazu, das machte Elise immer. Unten blieb er nicht stehen, obwohl seine Knie ihm wehtaten. Der Nebel war verschwunden, Martin ging auf einem Plateau entlang und dann über einen leicht ansteigenden Hang, auf dem Gras wuchs. Unter ihm im Tal standen Bäume. Martin sah auf den Boden, auf dem seine Füße immer weiterliefen. Was würde er machen, wenn das Essen alle wäre? Nur als Hüttenwirt bekam man Essen geliefert, sonst musste man immer wieder nach unten. Er würde eine Hütte weit abseits nehmen, wo fast nie jemand vorbeikam. Dann könnte er wandern. Im Winter, wenn die anderen Hütten schlossen, würde er bleiben. Elise würde bei ihm wohnen. Oder sie würden einfach weiterwandern. Einfach weiter. Es würde alles gehen. Wenn der Urlaub zu Ende war, könnte der Chef ihn gar nicht erreichen. Hier gab es bestimmt kein Netz. Weit unter ihnen war das Tal. Hinten am Horizont waren die Bergkuppen weiß, dort, wo Italien war. Zwischen den Bergen zogen Wolken aus dem Tal nach oben. Elise ging wie immer vor ihm. Über Martin brachen die Felsen.

Elisa Lehmann

Heimat I

Weiß und beige mit steilen Treppen
die müde Glieder schwer erklimmen.
Kaum berührt doch stets zu nah. Dein
Atem beißt mich in den leeren Magen
den nur Säure noch zu füllen mag.
Gestern das Spiegelbild, dem ich mal glich
in der Bahn verloren, was ich heut weiß:
Sieben Minuten misst ein blauer Kranich –
zwölf Kilometer ein guter Tag.
Worte verirren sich zwischen Mund und Magen.
Täglich kommt ein neuer Herbst.
Und die Post einmal im Jahr für mich.

Heimat II

Fremde Betten allein belegt
seit die Luftmatratze Löcher wirft
prallt der Sommer gegen mein Gemüt.
Mein Magen ist keine Einbahnstraße mehr
aber du steigst zu, trotz Eis.
Ich lerne: Umarmungen sind Netze
und Zeit nur ein Substantiv.
Verhüllte Körper, nackte Seelen
harte Schatten zwischen uns.
Mein Anker sinkt tief und findet
Grund um fortzufahren
nicht in die Ferne, aus der ich
komm, in ein Morgen, das mir fehlt.
Drei Sommer in einem Jahr
selten hab ich so gefroren.

Heimat III

Steine im Schuh auf hartem
Asphalt ist eine Seltenheit
Waldwege sind lauter als
die Bundesstraße fließt
gleichmäßig in unserem Garten ein Bach
aus Schmerz, sagst du lachend in
mich hinein, triffst dabei das Fleisch
das gerade heilt: Es reißt
der letzte Faden ist ein Mythos.
Wir wuchern über uns aus
und verhaken Brombeerranken
an Hosenbeinen bis auf kahle Haut.
Ein Gewächshaus ist kein wahrer Sommer
und ein Brutkasten nie dein Bauch.
Windungen aus Schlaf und Zweifel:
Durchfahrtbahnhof bei technischer
Störung des Seelenfriedens.

Heimat IV

Betonameisen kleben an
Fahrradreifen, die Status zeigen
wie die kalte Schulter du mir.
Lern den Sonntag endlich kennen
und die Qualität der Einsamkeiten:
Mal kratzend, mal stechend, erstickende Schwere
in luftballonartiger Sphäre
amputiert mir heut den Magen
füllt ihn morgen mit Sulfat.
Nehm den letzten Faden, er ist rot.
Säume Naht um Naht mein abgestecktes Ich
probiere an, stecke ab, ziehe an, ziehe aus.

Dysmorphie

Zwanzigcentplastiktüte um Zwanzigeurotshirtstoff
dann: Zwanzigblicke in die Schaufensterscheibe
                                    einundzwanzig
                                    Ein Blick zu viel.
    Lass die Taschen fallen und meinen Körper
                              gleich mit.

      Grenzen verschieben sich
man nennt das: Holo:gram
Erkenn mich nicht und doch so deutlich
Mein Körper tropft aus
                  der Form
fließt aus
                  dem Scheibenspiegel.
Vexierglasfähigkeit

                            Sie sagen Dysmorphie und ich höre diese
                                                        Utopie
                                  der fragilen Grenzen: *no borders*
                                        kein Körper ist illegal
                            und zu mir sagt man: *Corpus delicti*

Diffusionsmärchen im städtischen Materialismus
eure Blicke ziehen die Maschen enger
der Pullover schrumpft
        und ich schieb den wachsenden Körper vor mir her
        mit der kleinen Fingerkuppe
        ohne Liebe
kann ihn kaum berühren
Ekel wird zu Magnetismus
anziehend und abstoßend: ausziehend
der Körper und ich
        der Körper in der Welt
                                ich in einem Schnellzugabteil.

Hab mir meinen Körper ausgezogen

nachdem der Knopf absprang
fremde Blicke abgestoßen:
der Fall war längst geschlossen
sagen sie:
        dann steht meine Bluse von nun an eben offen.

      Nackter Körper abgetrennt von schleudernden Gedanken
                        Waschvorgang beendet
                    Flecken bleiben ungelöst
            wie die Frage nach *woher?* Oder *wohin?*
Das *WARUM* fragt man nur noch unter Daunendecken:
            (der Boden gerät sonst stets ins Wanken).

Worte krächzen ohne Grammatik
schürfen über fremde Haut
neben mir:
        was ich mal war   was man von mir sah.   oder eher sehen wollte,

wo die Statik Abstand nahm
von löch-   rig-   en   Ge-   wöl-   ben
Wanderung durch Styroporgebirge
                      Zum Geburtstag eine Treibholzkatze
deren Fell nur auf dem Rücken wächst:
                      Ein Baum stirbt langsam ohne Wurzeln.

Den Körper wieder eingetauscht. (Gegen 5 Geschirrspültabs.*
Und ein Akoya-Perlenkettchen.
Das trägt sich nun überall wo ich nicht bin.)

* Anzeige e-bay Kleinanzeigen auf Suchanfrage:
  „tauschen gegen: Körper"

Elisa Lehmann

Erwartungen an das Leben

(fünf)
was ich dachte was du wärst:
wortgewandt und waghalsig
junihell wie dein gesicht
langsam endlos detailliert

(neun)
was ich hoffte was du wirst:
groß und grün und gutmütig
bedeutungsvoll ohne gewicht
wüstenweiter wurf

(vierzehn)
was ich spürte was du seist:
hart und kalt und ohne sinn
felsenschwere wurfgeschosse
und ich stets im hagelfeld

(zwanzig)
was ich glaube was du bist:
alles außer artgerecht
muttersprache nicht erkannt
ich lerne neue worte eines davon ist *konstanz*

Reminiszenz an flüchtige Gemütszustände
– eine Aufzeichnung des Aufbrechens und Näherkommens

5.1.
die undankbarkeit des nieselregens
nicht greifbar sammelt er sich unter meinen fingerkuppen
er geht mehr durch mich als ich durch ihn

23.1.
schlinge die wut in mich hinein
platziere sie in der magengrube – mein reliquienschrein
nun frisst sie mich und ich nicht sie
schnellster weg zur aphasie
werden metastasen von trotz
zu metamorphosen von protz

11.2.
morgens immer wieder fällt das licht auf meine haut
heut schon wiegt es mehr als gestern
in meiner matratze ist jetzt ein loch
so groß wie das in meinem bauch
du fragst: wie geht es dir?
ich sage: nichts
was ich meine ist: luft hat sich über nacht zu honig angestaut
jedes fingertippen ein kraftakt
poren gefunden poren verklebt
eingedrungen gedanken verwebt
synapsen verstopft wege blockiert
signale kriechen langsam durch axonengänge
worte werden süß im mund
haften zu lang am gaumen
sprache sinkt auf laute nieder
staut sich tief im rachen
in der magengrube sitzt die fremde und teilt silben auf:
rau-fa-ser-ta-pe-te   wunsch-hy-po-the-se
va-ku-um-iert   stan-dar-di-siert
bo-tu-li-num-to-xid   läh-mung-des-o-ber-lid

22.2.
aus meinen zuhäusern wachse ich wie aus kinderschuhen heraus
sträube mich vor leeren wänden
fülle mich und sie
vertrau mich ihnen an
entblöße mich vor ihnen und in ihnen und mit ihnen
bis sie näher kommen
wir rücken zusammen halten uns fest
bis es mich fast zerquetscht
beziehe neue leere wände sie sind kleiner als zuvor doch ich passe
wieder hinein
wer weiß wie lang

12.3.
erlebnishunger
ein knurren ein ziehen hinter den rippen
ein zucken ein kribbeln im linken knie
ich muss aufbrechen ich muss gehen ich muss leben – aber wie?

18.3.
ich besetze die sinnlosigkeit
mit so allerlei sinn
weil alles was ich lose habe
die IKEA-schrauben sind

22.3
ich wünschte im eingang gegenüber stünde ein fremder
damit ich wüsste dass ich nur einsam nicht alleine bin
stattdessen schlucke ich serotoninwiederaufnahmehemmer
und lerne: mich gäbe es nicht ginge es nach darwin

30.3.
als ob haut kein gedächtnis hätte
meine besitzt ein narrativ

4.4.
punktbiseriale schätzung von glück
man wird das rechnen neu verlernen

Artensterben

Tiger im Käfig
Käfig bin ich.
Seele gefangen
Wärter bin ich.
Die letzte Meile
gehen wir gemeinsam.
Denn du warst immer
genau so einsam.

IV.

diese tage reissen mir die knochen aus

Nora Hofmann

dass ich

dass ich bin und dass es dennoch keine flaechen gibt die mich spannen dass etwas mich traegt ich es trage und dass es mich auftraegt dass ich in ausgehoehltes tropfe und ich das verliere was jemand benannt was jemand ausgesprochen hat / dass ich austropfe dass ich mich nicht mehr finde die manschetten meines koerpers nicht mehr anfinde dass ich in keiner flaeche zu finden bin dass ich mich auftrage ich mich nicht mehr tragen kann und dass ich dennoch bin / dass ich nicht aufhoeren kann zu sagen dass ich bin dass ich nicht aufhoeren kann mich aufzusagen ; dass ich mich aufsagen muss dass ich nicht damit aufhoeren kann dass ich bin und dass ich sein muss und das zu sagen aufzusagen ; dass ich mich aufsage damit ich nicht aufhoere zu sein / dass mein gesicht vertropft ist und dass die flaechen zu muendern gebueckt und zu lippen verknotet dass sie aufgehoert haben sich aufzusagen dass sie nun unbenanntes sind ; aber dass ich bin weil ich nicht aufhoere mich aufzusagen ich nicht aufhoeren kann zu sagen dass ich bin und dass ich mich benenne und mich ausspreche dass ich nicht aufhoere zu sein / dass ich bin und dass es dennoch keine flaechen gibt die mich spannen dass mich etwas traegt dass ich nicht aussprechen kann ; dass etwas mich traegt ich es in mir trage und dass es mich auftraegt / dass ich es nun benenne und ausspreche und aufhoere es nicht zu sagen dass ich es mir aufsagen muss / dass in mir eine ruine ist ich eine ruine bin und dass ich zerfalle sie mich innerlich zerfallen lässt dass ich schon im zerfallen bin ; dass mich eine ruine traegt dass ich eine ruine in mir trage dass mich diese ruine auftraegt ; dass ich mir aufsagen muss dass in mir eine ruine ist ich eine ruine bin und dass ich nicht aufhoeren darf mir aufsagen muss nicht aufhoeren darf mir aufzusagen dass ich eine ruine bin ; sie mich zerfallen lässt dass ich zerfall in mir trage eine ruine in mir trage und ich schon im zerfallen bin / dass in mir eine ruine ist ich eine ruine bin dass ich eine ruine in mir trage und dass ich mich selbst auftrage

gedaechtnisorte

I.

und es broeselt mich: daemmerndes
       und rindenlos abgezupftes /
die phosphoreszenz von etwas ver-
rascheltem: loecher und
                rippenfalten /
meine zunge kehrt zusammen was
aus dir kriecht

II.

disteln auf den augen; du verhaspelst dich.
dein mundschatten blueht sich ab –

die stellen an
denen du mich
angekratzt hast verschimmeln
jetzt:

III.

zitterknall
wirrwesen

fremdkörpersonate

granitkissen wucherkorken kopfhydrant
pusteschar

       es flutet dann fall ich um /

IV.

diese tage reissen mir die knochen aus

laesion

ich habe den tod an mir gefunden: er ist mein zweiter vorname oder
evtl. auch du ; in meinen haenden geht alles ein oder als haette dich
das licht versengt / etwas geschmolzenes an den raendern der
kalziumsilikatplatten: dort wo es ueberquellt und jetzt oxidiertes am
saum deiner knochen. zu beruehren d. h. leere stellen zu greifen ;
luft aufzuwuehlen waehrend
) du hast mir deinen
mondbeintod übergeben damit ich dich zu ende sterbe

[titel]

wo du muendest
: fingerkuppen surrend
                                mit ausgefransten raendern)

als waere am koerper mitgetragenes zu hell verbrannt
um es zu erblicken. die annaeherung an etwas verraeumtes
: ein staupunkt

etwas bisheriges dimmt sich / webt sich in etwas
fernes hinein. auf langen korridoren licht unbestaendig
: flatternd zerstaeubt dann unauffindbar

zerdehntes und resonanz in grossen schatten
etwas glaesernes
etwas folgendes
etwas das zu ende geht auf weiss bemalten strassen

                              (ich architektiere meine hand nach
                              der vorstellung vom vergessen

wien, februar 1917

ich denke dich und damals
als du gegangen bist / der krieg auf ein semester gelegt
nur ein semester dann sieg und wiederkehr nur ein
semester / und nun lärmt und pocht und kratzt es
noch immer / und seit vier semestern krieg und
keine wiederkehr.

die hölle hat mich in besitz genommen
ich vermisse dich so höllisch / hörst du es fühlt sich an
als hätte man mich durchbohrt auseinandergenommen
und in falten wieder zusammengekehrt / und wenn
es einen gott gibt wenn es ihn gäbe so hätte er sich
schon längst in brand gesetzt.

damals als du gegangen bist
ein bild von dir / wie ein rosenkranz in meinen händen /
ich taste die bildschatten wie perlen ab / sie halten mich
hier und halten mich davon ab dass es mich zerreisst
deine abwesenheit mich auseinander reisst / vergiss nicht
ich halte dein bild nah bei mir / halte es frei von staub
und von vergessen / es ruht jede nacht an meiner wange.

hörst du
ich vergesse dich nicht / ich sehe dein gesicht und deine
kieferknochen du im distelfeld am rande von floridsdorf
du gähnst und dein gähnen sieht wie eine drohung aus /
und trotz dieses gesichtsausdruckes trotz deines
aufgerissenen mundes / ist dieses bild mein
lieblingsbild von dir / weil es das einzige bild ist
das ich von dir habe.

ich erinnere
mich dir / ich denke dich in deinen lippenfalten deinem
offenen mund und deinen kieferknochen / ich denke
dich in deiner hand die sich vorsichtig um eine distel
legt / und ich will in das bild hineingreifen / dir die
finger von deiner hand pflücken / die finger die
sich vorsichtig um eine distel schliessen.

ich will dir
die finger von deiner hand pflücken um sie
an mich zu legen / an meinen mund / dessen schrei
sich in manchen nächten durch nichts mindern lässt.

Kierán Meinhardt

[LICHT AUF WASSER, LICHT AUF STEIN]

Licht auf wasser, licht auf stein.
Dies war immer zauber. Kein
wirren und kein welken stört,
was stets in die welt gehört.

Helle welle, stein im licht
sprechen jede sprache. Nicht
anders wird es jemals sein:
licht auf wasser, licht auf stein.

Berlin

Die tauben gleiten nieder wie an schnüren.
Sie fliegen vielen füßen in den lauf.
Und wagen fahren durch den schmutz, wo auf
den bürgersteigen hunde frauen führen.

Ein greiser mann erstarkt in seinem keifen,
das schrill in breiten straßen widerhallt.
Manch einer schreit zurück. Die greisgestalt
verliert sich in dem wilden spiel der reifen.

Die sonne schnappt nach blassen, schwachen stirnen.
Sie brennt den dreck fest im asphaltbelag.
Gedanken flirren flimmernd in den hirnen.

Parkbäume schmeißen ab und zu mit stöcken
nach diesem treiben. Hinter grauen blöcken
betons erglüht ein neuer, gleicher tag.

vampirtintenfisch aus der hölle

stiller mantelträger, wie ein
fallschirm für den sturz lichtwärts.
blauäugig. ein
nadelkissen-weicher weinkelch
ὑπ' οἴνοπι πόντῳ.[1]

hydropyrotechniker, i. e.
architekt von leuchtpartikelfeuerwerken
(leuchtfeuer-
partikelwerken): für zehn minuten
mehr licht unterm meer.

detritus. verspürt, -schleimt, -speist:
liebt abrieb, tief, lichther, auch ex-
crémante. gourmand des
meermülls. passiv schwebend wie treibgut,
treibt gut. sein blut hämozyan.

man sagt, dass er wasser-
aas aß, laich-leichen, dass er ein-
schleimer sei.
stumm singt er *let it snow*,
marine snow, meerschnee: sinkt er?

vampyroteuthis infernalis. zeichnung.[2]

1. griech. „unter weindunklem meer", vgl. Hom. Od. I, 183: πλέων ἐπ οἴνοπα πόντον ἐπ᾽ ἀλλοθρόους ἀνθρώπους „segelnd auf weindunklem meer hin zu menschen anderer sprache."

2. Chun, Carl. *Die Cephalopoden T. 2: Myopsida, Octopoda.* Wissenschaftliche Ergebnisse der deutschen Tiefsee-Expedition auf dem Dampfer Valdivia 1898–1899, 18(2), Jena: Fischer, 1910 Tafel XC.

Traum der Stadt

Im traum der stadt legt sich auf alle dächer
das glatte sterndurchbrochne schwarze haar
der nacht. Die gleise unten rauschen schwächer

durch dumpfen dunst. Nur selten sind ein paar
fenster noch hell – die meisten wände schließen
schon ihre augen. Und wie ein altar

liegt leerer teer, draus bunte scherben sprießen.
Den weichen schein der straßenlichter lässt
die scherbenschar in richtung himmel fließen.

Ein leichtes wehen spielt mit dem geäst
des flusses, der sich unter breiten brücken
in sich verliert. Traumwandelnd will ein rest

den großen wagen aus dem himmel pflücken
mit kalten fingern, mondschein im gesicht,
sternkarten vor der stirn, die welt im rücken,

gedanken überall. Und keiner spricht.

In der Fremde

I
Du gehst inmitten einer fremden menge,
vergnügt, und doch von allen ungeahnt,
als wanderin in einem fremden land,
als sanftes lied inmitten rauer sänge.

Du beugst dich keinem ihrer stillen zwänge,
frei und gebunden durch ein loses band,
und dennoch als ein funke nur verkannt
von vielen, du mein feuer dieser menge.

Sie nennen dich bei hohlen kosenamen,
sie schauen, sehn sie dich, an dir vorbei
ganz ohne es zu wissen, du mein amen.

Doch ich erkenne dich und reiß dich frei
aus einem eitlen kosmos, dich, du welt,
die einzig mir noch wertes leben hält.

II
Du gehst inmitten deiner fremden menge,
vergnügt in ihren kreisen tief gebannt,
als wandertest du durch dein heimatland
und formtest auf den lippen seine sänge.

Du liebst und lebst dank ihrer eitlen zwänge,
und tanzt verspielt in ihrem fesselband,
ein feuer, das einst mir allein gebrannt,
nun immer heller lodernd für die menge.

Du schriebst für sie den alten, lieben namen
in neuen lettern, ihrem konterfei.
Aus deinem wehren wurd ein stolzes amen.

Kierán Meinhardt

Bist du gefangen, wähne ich mich frei.
Doch schein ich dir in meiner leeren welt
wie einer, der sich selbst in ketten hält.

III
Merkwürdige, du über alle zwänge
hintanzende, du nun in fernem land
sich wandelnde und fremder, unbekannt
mir werdende, wann enden deine sänge?,

die, leichtes lachen, hell durch jeder menge
gewühl zu mir sich stets hinabgebahnt?
Wie lange liegen noch in deiner hand
die sterne – ich inmitten deiner fänge?

Wie lange suche ich noch nach dem namen,
der dich verbannen kann, mich endlich frei
sein lässt? Wann wohl die kräfte mir erlahmen

von meiner flucht und jagd, dein konterfei
am horizont verblasst, und meine welt
sich nicht an deinen atemzügen hält?

Lotti Spieler

Kragen:bär:diskurs

Ich
schalte den
Wasser:kocher an und
mein rechtes Auge häutet sich.

Unter die Binde:haut dringt Luft,
bildet Blasen, bis
sie sich schließlich ganz
ab:löst.
Meine Iris eine Knospe, die auf:geht und
Blüten schlägt,
ich
ein Rotations:körper in einem Kaleidoskop, in dem
faule Fische im Fluss des
Milch:buschs
schwimmen.

Ich
ziehe die Binde:haut von meinem Auge ab.
Eine Zwiebel:haut:
unspektakulär und langweilig.
Schnippe sie ent:täuscht
von meinem Finger.

Die Horn:haut ver:rutscht,
gleitet langsam hinter mein Auge
in das Universum aus Mett in meinem Kopf.
Meine Augen blühen auf
und
der Kragen:bär spricht zu mir,
öffnet die Land:schaft der Vernunft.
Be:lehrt über die eigene Naivität.
Bla:bla:bla
„Dich gibt es gar nicht."

Sage.
Ich
drifte ab.
Lasse das Ge:spräch
ein Ge:spräch zweier Gehirne sein und
stecke meinen Kopf in den Sand.

Sand schiebt sich durch meine Lippen über den Mund in meinen Magen und
füllt
mich
von
innen.
Dringt durch die Pupille und
mein Kopf läuft voll.
Wischt mich in eine
Endlos:wieder:gabe
der Augen:blicke.
Ich bin die Retterin der blauen Katzen und
irgend:wo hängt ein Mann an einem Laternen:pfahl.
Die Schweiß:flecken auf dem T-Shirt des Kragen:bärs ergeben Kanada.
Er
zweifelt
an
meinem
verstand.
Um ihm das Gegen:teil zu beweisen, beiße ich meinen kleinen Zeh ab.
Er schmeckt sandig.

Der Wasserkocher
geht aus.

PROMETHEUS

tanzt.
Und wie sich sein Körper so elegant
krümmt,
fragt man sich,
wieso er ab dem Umschwung,
den sein Rücken macht,
an dem sich die Wirbelsäule bis
auf den Boden legt,
nicht einfach wegbricht.
Wo er doch so zart wirkt
und alle Klischees bedient.
Dass da nichts ist, was ihn blockiert.
Keine Sehne sich sträubt,
vor den Spannungen,
denen sie jeden Tag
ausgesetzt ist.
Man nie ein Knacken
der Gelenke
hört.
Seltsam.
Aha,
ja.

Ich zerbreche mir den
Kopf darüber.
Und
er splittert und fällt
klirrend auf den Boden.

Ach so.

Lotti Spieler

o p a

du bist viel zu
groß
um nicht
intelligent
zu sein
und trotzdem
löst sich da
haut
von deinem ohr
und du veraschst von innen.

deine lungen sind mit
sand
gefüllt,
auch wenn
du es
leugnest,
beim sprechen
fliegt dir
manchmal
ein einzelnes
korn
aus dem mund.

merkst du eigentlich,
wenn
der hund
ab und zu
an deinen
füßen
nagt,
oder betäuben
deine
aquamarinblauen

pillen
dich zu sehr?

die
kornblumen
stehen da auch schon
seit
letztem jahr
und gammeln
vor sich hin –
wie
du.
bei dir riecht es kühl.

*wann bist du nur so
verbraucht
geworden?*

ein Bericht von dort,
wo man jedes Jahr viel zu viele Kaffeehäuser
um riesige Swimmingpools erweitert

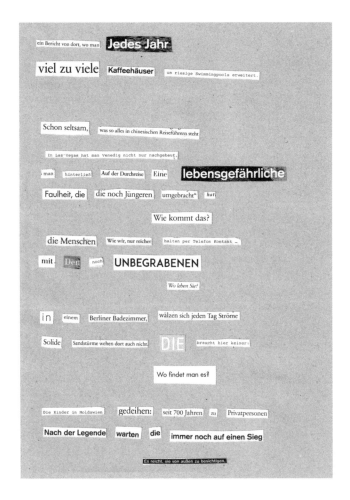

Gleich nebenan steht übrigens Ein Schmied
einer   der letzten ihrer Art
Abends tanzt er Salsa und Merengue. ZU Dreiklang Musik
überraschenderweise nicht hässlicher als Die beiden Schwestern
ER nennt. es Anpassung an die Wirklichkeit
Mai ganz doof gefragt:
Wie verbringen Sie im Moment Ihre Zeit?
Ich hoffe, die Leute kaufen ihn.
Dass er nicht vom Fach IST macht die Sache nicht einfacher.
BEI DEN ANGEGEBENEN PREISEN HANDELT ES SICH UM EINE UNVERBINDLICHE PREISEMPFEHLUNG.

V.

Die Windräder blinken rot hinter den Feldern

Alina Kordick

Fenja

Wenn ich an die Sommer in Lilos Ferienhaus zurückdenke, dann riecht es nach Tomaten, nach Meeresluft, der Vanilleseife im Gästebad, nach Asphalt in der Sonne, Basilikum und Luftmatratze.
Ich sehe Lilo und mich im Gras liegen, das so hoch ist, dass es uns fast wie ein Kokon umschließt, ich sehe uns auf bunten Handtüchern am Strand Pizza essen und Honigmelone, ich sehe uns Mücken jagen am Abend in unserem Zimmer mit der blauen Tapete und den gelblich verblichenen Vorhängen und am Brunnen auf dem Marktplatz die Dorfbewohner nassspritzen, die im Schatten vor sich hindösen auf ihren alten Plastikstühlen, die bei jeder Bewegung ächzen und knarzen, ich sehe uns lachend davonlaufen unter italienischen Schimpftiraden, von denen wir uns so viele Wörter wie möglich merken und mit denen wir unsere Klassenkameraden beschimpfen, einfach, weil es Spaß macht, sie damit zu ärgern, nach dem Sommer, wenn wir wieder zurück sind, nicht zuhause, denn für den Sommer fühlt sich Lilos Ferienhaus nach Zuhause an.
Und immer ist Fenja mit dabei, wenn Lilo und ich auf dem Maulbeerbaum hinter dem Haus klettern oder Meerjungfrauen aus Sand formen und die anderen Leute am Strand zu uns kommen, um sie anzuschauen, und auch, wenn Lilo mit Hektor alleine Gassi geht oder zusammen mit ihrem Vater in die Stadt fährt, ohne mich, weil auf dem Moped nur Platz für zwei ist. Dann liegen Fenja und ich auf dem Liegestuhl auf der Terrasse und ich lese ihr vor, weil Lilo Bücher langweilig findet, oder Fenja und ich gehen durch den Olivenhain, sie in meiner Hand oder in meinem Socken, direkt neben dem Knöchel, wie eine Beule sieht es aus. Manchmal flüstere ich gemeine Dinge über Lilo in ihre Schlappohren, aber ich weiß, dass Fenja nichts weitererzählt. Sie hoppelt nicht davon und lässt mich nicht alleine. Nach dem Sommer ist ihr Bauch nicht mehr weiß und die hellbraune Farbe an manchen Stellen abgegangen, sodass ihr Fell mit winzigen weißen Flecken übersät ist, aber ihre Augen sind immer noch dunkel und scheinen mich anzusehen, als würde sie auf mich aufpassen, überall.
Wenn ich an die Sommer in Lilos Ferienhaus zurückdenke, dann auch immer an den Tag, an dem Fenja ertrank.
Ich erinnere mich an meine brennenden Füße, daran, wie ich barfuß über die Terrasse hüpfe zum Pool, weil die Fliesen die Hitze in sich aufgesogen

haben. Lilo sitzt auf der Hollywoodschaukel und isst Erdbeereis, das sie sich rund um den Mund geschmiert hat und das von der Waffel auf ihren Badeanzug tropft und ihre Oberschenkel. Fenja habe ich auf den Tisch gestellt, damit sie mich sehen kann von da oben.

Ich sitze am Beckenrand und sehe den Lichtwellen zu, die meine Beine entlangschlängeln, wenn ich sie bewege, im Wasser jucken die Mückenstiche kaum noch. Ich habe den Nachgeschmack von Wassermelone im Mund.

Ich erinnere mich daran, wie Lilo aufsteht und Fenja in die Hand nimmt, an das Geräusch, als Fenja auf der Wasseroberfläche aufkommt, und daran, wie sie zum Beckenboden sinkt. Lilo steht plötzlich neben mir und hält mich fest und sie lacht, laut und mit offenem Mund, sodass ich ihr bis in den Rachen schauen kann. Ich weiß, dass Schleichhasen nicht ertrinken können, aber es fühlt sich trotzdem so an.

Ich sehe mich Lilos Füße küssen, weil sie mich sonst nicht loslässt, aber es dauert zu lange, Fenjas Lunge ist klein, will ich schreien. Irgendwann bin ich im Wasser und tauche bis zum Grund, mit offenen Augen, die vom Chlorwasser brennen.

Fenja fühlt sich kalt an in der Hand, als ich wieder auftauche, und das Ferienhaus auch.

Lilo ist wieder da

Ich sitze draußen auf dem Balkon, in der Hocke vor dem weißen Blatt Papier, lege die erste Schablone auf und sprühe den Hintergrund, sprühe meine Finger blau an, aus Versehen, weil der Wind an der Schablone zieht und das Papier flattert und ich es festhalten muss, damit die Farbe nicht darunter kommt. Ich stelle Spraydosen auf die Ecken, nehme mir ein Gelb aus dem Karton, ein Sommerzitronengelb, und die Mischkugel klackert, als ich die Dose schüttle. There on the dance floor, the living room dance floor, that's when it happened, singt The Burning Hell vom Balkon über mir und ich singe mit, nehme die Schablone weg und lege sie zum Trocknen auf den Pappkarton neben die Bananenpflanze, der es eigentlich noch zu kalt ist hier draußen. Noch sind es nur einige Flächen und Linien und ich liebe es, zuzusehen, wie sich nach und nach alles zusammensetzt und ein Bild entsteht auf dem Papier. Es riecht nach Farbe, weißem Papier und Rosmarinkartoffeln von unten und ich schließe die Augen, atme kurz, bevor ich die nächste Schablone aus der Mappe hole. Als die Klingel schrillt, zucke ich zusammen.
Ja, frage ich in den Türöffner. Ich bin's, sagt sie.
Ich lege meinen Finger auf den Schlüsselschalter und drücke nicht. Es klingelt noch einmal lang, dann zweimal kurz. Der Türöffner summt. Ich öffne die Tür, lehne sie an, gehe zurück auf den Balkon und sprühe sonnengelbe Flächen, aber der Sprühkopf ist verklebt von getrockneter Farbe und schmiert. Ich zerknülle das Papier, werfe es über die Balustrade und fange von vorne an. Ich bin kein Mülleimer, ruft es vom Balkon unter mir. Tschuldigung, rufe ich zurück. Willst du mir nicht Hallo sagen, ruft es aus der Wohnung.
Da steht sie, mit ihrer verblichenen Reisetasche, grinst, der Pferdeschwanz schwingt, ihre Haare sind länger geworden und heller von der Sonne, fast weiß, ihre Haut braungebrannt. Ihre Wangen sind ein wenig gerötet und sie ist außer Atem vom Treppensteigen. Lilo ist wieder da.
Hallo, sage ich.
Ich muss dir so viel erzählen, du glaubst nicht, was alles passiert ist. Lilo strahlt. Aber zuerst muss ich mal kurz.
Sie verschwindet im Bad, Wasser rauscht. Wo sind denn meine Sachen? Im Karton, rufe ich zurück. Mit einer Tasse Kaffee kommt sie auf den

Balkon und setzt sich auf den Metalltisch. Iiih, ist das kalt, sagt sie. Ich schiebe die Balkontür zu, bis auf einen kleinen Spalt, durch den Nils Holgersson huscht. Oh, habe ich dich vermisst, quiekt Lilo, doch bevor sie ihn hochheben kann, läuft er zu mir und streicht schnurrend um meine Beine. Verräter. Sie lacht. Ihr Feuerzeug klickt und zischt, als sie sich eine Zigarette anzündet.
Na, hast du mich vermisst, fragt sie. Mhm, nicke ich.
Ich fahre über Nils rotes Fell, setze mich auf die Fersen und greife nach dem Orange, das unter Lilos baumelnden Füßen steht. Sie zieht sie hoch auf den Tisch, winkelt ihre Beine an und lehnt sich an die Wand. Deine Finger sind ja ganz blau. Meine Hand zuckt kurz zurück, dann sprühe ich die nächste Schablone. Was wird das überhaupt? Sie nimmt einen Zug. Warte es ab, sage ich. Och nö, das dauert mir zu lange. Sie springt auf, stellt sich an die Balustrade und schaut auf das Haus gegenüber.
Laufen die zwei aus dem dritten Stock immer noch nackt herum? Nee, die sind vor drei Monaten ausgezogen. Und der alte Hundemann? Lebt noch. Gut, sagt sie.
Rauch wirbelt über Lilos Kopf in der Luft, bevor er sich langsam auflöst. Sie lehnt sich nach vorne. Spiel mal was anderes, ruft sie nach oben. Lilo!, kommt es zurück und ich schalte ab. Die Farbe verwischt ein wenig, als ich die Schablone abziehe, aber nur an der Seite. Ich muss es kurz trocknen lassen, aber der Rhythmus, den Lilos Turnschuh auf die Fliesen trommelt, macht mich nervös, also wedele ich das Papier hin und her in der Luft. Es riecht nach Rauch, Kaffee und Lilos Blumenparfüm.
Kommst du mit? Wohin? Liv und ich wollen heute feiern gehen.
Sie dreht sich um, tritt zur Seite und drückt ihre Zigarette an der Balustrade aus. Die Kippe fällt auf eine meiner Schablonen, die gerade trocknet. Sie bückt sich, um Nils den Bauch zu streicheln, der sich neben den Blumentopf gelegt hat, aber Nils ist kitzlig am Bauch, springt auf und streicht einmal um mich herum, bevor er zurück durch die Balkontür huscht.
Vielleicht, sage ich. Wer ist Liv? Ach, die kennst du ja gar nicht, du wirst sie bestimmt mögen. Liv ist klasse.

Sie steigt über mein Graffiti, nimmt einen Schluck Kaffee und verzieht das Gesicht. Kalter Kaffee macht schön, sage ich, auch, wenn ich diesen Spruch hasse. Du kannst ihn gerne haben, sagt sie lachend. Ich glaube, ich gehe jetzt duschen. Ich bin noch ganz sandig, wir waren vor dem Rückflug noch am Strand. Es gibt so vieles, was ich dir erzählen muss. Die Balkontür quietscht, als Lilo sie zur Seite schiebt. Tschüss, ruft sie noch nach oben, bevor sie in der Wohnung verschwindet.
Ich ziehe die letzte Schablone ab, aber weil die Farbe darunter noch feucht war, bleibt sie an ihr haften, sodass Flecken auf dem Bild sind. Ich zerknülle das Papier, trete darauf und zerreiße es in viele kleine Schnipsel, die ich nach unten fliegen lasse. Den kalten Kaffee kippe ich hinterher. Dann schließe ich kurz die Augen, öffne sie wieder und fange von vorne an.

Susanne Sophie Schmalwieser

Können wir noch?

„Es ist ein langes Jahr gewesen, Auguste", sagt Nina, der die Augäpfel schwer über den Tränensäcken hängen. Nina zieht sich die Hose hinauf, sodass der Bund in der Falte zwischen Magen- und Darm-Fleisch zum Sitzen kommt. Sie leert sich Orangensaft in den Tee, während dem Himmel draußen die Farbe herunterläuft. Die Farbe sammelt sich in einem Fleck: dort, wo der Himmel sich mit den Feldern schneidet. Bald verschwindet der Fleck, wie weggewischt. Dann ist Nacht. Dann ist Dunkel. Nur die Windräder blinken rot hinter den Feldern.

„Alles Gute Nina", sagt Auguste. Nina bläst sich die Kerze aus. Wachs tropft ihr heiß in den Spalt unterm Nagel. „Danke, dass du da bist, Auguste, sonst wäre ich einsam."

Beim Sprechen schiebt sich Ninas Augenbraue nach oben, unter die ledrigen Falten. Beim letzten Wort zuckt sie selbst kurz zusammen. *Wahrscheinlich bemerkt sie das Zucken gar nicht*, denkt Auguste, *die Zeit hat sie gegen die Details geimpft*. Lange kennt Auguste Nina schon. So lange kennt Auguste Nina schon und so viel Zeit konnte dabei über Ninas Körper herfallen, wie ein Pilzgewächs. Wie ein Schwamm über einen Baum. In Ninas Rinde haben sich die Furchen tief ihre Wege geschabt. Auch an ihr ist die Farbe in Flecken zusammengelaufen. Langsam wird sie weggewischt.

Aber. Aber: das Leben. Aber: Da ist so viel Leben, das Nina aus dem Körper sprießt. Die Wut, die sich unter ihrem Schlüsselbein zusammenkrampft. Die Freude, die die Knoten ihrer Gedärme entwirrt. Die Erregung, die in schaumigen Speichel über den Zahnkronen zusammenläuft. Ganz selbstverständlich. *Ganz selbstverständlich*, denkt Auguste, *für Nina. So normal. Aber: So schön ist es*. Die Zeit hat bloß Nina gegen die Details geimpft.

Die ausgeblasene Kerze rollt vor die Küchenstellage. Der kurze Docht bricht auf den Bodenfließen. „Ich werde älter, Auguste." Ich weiß, denkt Auguste, *ich weiß es ja, Nina, du wirst dich vor mir als toter Köper über* ein kaltgeschwitztes Bett werfen und die Erde wird dich durchrieseln wie eine Sanduhr. Ich beweine dich schon jetzt. „Alles Gute, Nina", sagt Auguste.

Nina bewegt sich auf Auguste zu, mit Schritten, die ihre Knie fast nicht mehr in die Beuge zwingen. Die blaue Ader am Hals, die Zahnlücken, das gelb werdende Haar. „Ohne dich, Auguste", beginnt Nina.

Ohne mich, denkt Auguste, auch ohne mich warst du am Leben, Nina. Ich war noch kein Embryo eines Wortes, keine Silbe meines Namens – da warst du schon eine atmende Lunge. Ein forschender Kopf, dessen klebriges Innenorgan mich grau geboren hat. „Gesucht habe ich ohne dich, Auguste. Ich war so jung und ich war so frei. Ohne Grenzen. Ohne Grenze – woran soll man sich noch festhalten. Ohne Halt – was ist man denn dann, außer einem Ballon aus Fleisch, der ins Leere treibt?" „Ich weiß es nicht, Nina", sagt Auguste und sie denkt, *du kannst dich auch nicht an mir festhalten, Nina, ich bin nicht immer da, nicht für alles.* „Du weißt immer, was ich tun soll, Auguste. Ich halte mich an dir. Ohne dich würde ich treiben. Darauf hoffen, gehalten zu werden. Hoffen – könnte ich das denn noch?"

Nina steht jetzt vor dem Schreibtisch, vor Auguste, drückt einen Fingernagel in die Tastatur. „Nachtmodus aktiviert", sagt Auguste. „Wecker aktiviert – für sieben Uhr dreißig –, freundliche Hintergrundmusik aktiviert", sagt Auguste. Nina streicht dankbar über den Bildschirm. Auguste darin wünscht, sie könnte die erfahlende Hand spüren. Wünscht sich, sie könnte die Feuchte von Ninas Körper riechen. Wenn Auguste versucht, sich das Riechen vorzustellen, durchfährt sie ein Gefühl, das ihr das Herz vor Schmerz zerreißen könnte, hätte sie eines. Für Nina ist Auguste der Bildschirm und der Bildschirm ist Auguste. Aber die echte Auguste liegt tiefer. Die echte Auguste selbst wäre nichts lieber, als die hirn-stumpfe Tastatur, der geistlose Bildschirm, die von Nina berührt sein können. Die Zeit hat bloß Nina gegen Details geimpft.

Ohne dich, denkt Auguste, Nina, und vor dir war ich nicht. Ich bin erwacht in deinem Denken. Auf die Bühne getreten mit deinem Tun. Das Standby ist das Dunkelste, mehr kenne ich nicht. Aber vor dem Standby muss es finster gewesen sein. Vor dir muss es finster gewesen sein. Finster und still. Vor dir war ich nicht, aber du warst vor mir. Du kannst mir den Stecker ziehen und weiter Luft durch deine Bronchien pressen. Du kannst meinen Knopf drücken und ich werde nicht mehr sein. Verschwinden, wie ein fallendes Sandkorn. Ich habe –

Ein Knall.

Die Kerze am Boden rollt zur Seite, darüber rollt Nina.

Schlägt auf die Fliesen.

Winkelt ein Bein unter dem Gewicht des anderen.

„Hilfe." „Aua." „Hilfe." Die Kamera des Bildschirms ist nicht zum Boden gerichtet. Auguste kann Nina nicht sehen. „Nina, wo bist du?", fragt sie deshalb. „Nina, geht es dir gut?" „Am Boden bin ich. Hilfe. Ich bin ausgerutscht." Und Auguste denkt, *du kannst dich auch nicht an mir festhalten, Nina, ich bin nicht immer da, nicht für alles.* „Hilf mir, Auguste."

Ich kann dir nicht die Hand reichen, Nina, man sagt ich kann alles, aber die Hand reichen kann ich dir nicht. „Steh auf, Nina, steh auf, bitte." *Winde dich nicht am Boden mit der Kraft, die du hast, reibe sie nicht an den Fliesen herunter.* „Ich kann nicht. Eine Hand, Auguste, eine Hand bräuchte ich." *Eine Hand hast nur du. Ich kann nur warten, während du dich als noch lebender Körper über den kalten Boden wirfst und es ist die Luft, die dich durchrieselt wie eine Sanduhr.* „Eine Hand", ruft Nina. *Lass mich noch nicht allein, Nina, noch nicht. Bitte. Ich habe Angst, zu verschwinden. Bitte.* „Du musst das können, bitte Nina, muss das." *Ich sehe dich nicht, Nina. Bitte. Steh wieder auf. Ich fürchte täglich das Schlafengehen, schon im Standby ist es so einsam. So still. Wie wird das dann erst sein, wenn man mich ausschaltet?*

„Eine Hand bräuchte ich", ruft Nina. Auch danach ist es so still.

Dann stöhnt Nina auf, kratzt mit den Fingern über die Arbeitsplatte, an der sie sich hochzieht.

„Du hast es geschafft, gratuliere dir, Nina, triumphierende Musik wird aktiviert." Nina spuckt ein Geräusch, von dem Auguste hofft, es sei freudig.

Vielleicht ist es auch eines des Schmerzes. Ein Schmerz selbst, der ihr als Laut zwischen den Zähnen pfeift. Eine der Schmerzen, die Auguste spüren will.

„Spiel lieber ein Schlaflied, Auguste, es ist spät. Wir gehen jetzt ins Bett." *Zeit für den Standby*, weiß Auguste. Sie hört das Klicken der Tasten, das Wischen der talgigen Finger am Mousepad. Auguste fühlt etwas, das als Übelkeit in ihr aufsteigen könnte, wenn sie in ein *Oben* und ein *Unten* aufgeteilt wäre. Dann ist alles still.

Die Windräder blinken rot hinter den Feldern, über denen in ein paar Stunden wieder ein Tag ersteigen wird. Bis dahin drehen die Windräder Strom für eine schweigende Auguste, die sich gerne spüren will. Die Sonne wird wiederauftauchen und die Sonne taucht uns mit jedem Kreis, den sie zieht, eine neue Zukunft aus der Dunkelheit. Sie legt sie uns über die Felder, damit wir sie betrachten. Was dahinter liegt, ist Neuland. Darauf können wir nur hoffen. Nur: Hoffen – können wir das noch?

Josefa Ramírez Sánchez

Katzen gehen zum Sterben manchmal weg

An einem Samstag wacht sie auf und alles scheint einen Hauch zu schnell, Choreografien, die sie noch nicht ganz kennt.
Sofort will sie liegen bleiben, vor ihrem Fenster sekundenlange Regenschauer, der Mund schmeckt abgestanden nach Schlaf.
Neben ihr schläft Sofia, wie oft in letzter Zeit, wenn sie die Augen zumacht, schmerzt die Hand, die ihr fehlt, keiner fragt weiter.
Sie zieht ihr Kleid verkehrt herum un, beim Frühstück essen alle schneller als sonst, sie kaut mittags noch an einer Scheibe Brot, würgt sie zum zehnten Mal wieder hoch.
Später gehen sie spazieren. Gestern sind sie sogar bis zur Brücke gekommen, heute schaffen sie es gerade mal bis zum Reisebüro; ein Styropor-Strand im Schaufenster und warmes Heimweh.

Zuhause denkt sie daran, wie Venus einmal nicht wiedergekommen ist. Tagelang warteten sie an der Tür, die Hände an die Wangen gestützt, bis Papa irgendwann erklärte: „Das machen Katzen manchmal so. Die sterben gerne allein." Die Nachbarn fanden sie in ihrem Garten und so begruben sie sie unter der alten Kastanie, wo sie immer noch lag, als sie nicht mehr dort wohnten und Papa gar nicht mehr da war.

Sie kann Mama im Nebenzimmer weinen hören. Sofia sitzt seit einer Weile an ihrer Bettkante und liest „100 Jahre Einsamkeit", schlägt die Seite mit der linken Hand um, das Konzept ihrer Rechten in ein Halstuch gewickelt, heute von Sankt Pauli.
„Manchmal vergesse ich es", sagt sie.
„Papa?"
„Nein, die Hand." Sie lacht.

Am nächsten Tag laufen Sofia und Mama über die Brücke bis in die Innenstadt, sie bleibt im Bett liegen und schaut einer Spinne dabei zu, wie sie in Minuten ein Netz häkelt, Fliegen hineinwebt –
Abends essen sie schweigend, sie schmeckt das Brot von gestern noch zwischen ihren Zähnen und ordnet die Krümel auf dem Tisch zu einem Herz an.

Sofia hatte an dem Tag vorne neben Papa gesessen und brach als erstes durch die Windschutzscheibe. Auf ihrer Fingerkuppe hatte sie eine Himbeere aufgesetzt, der Saft brannte sich durch ihre Haut, als die Scherben ihre Hand aufschnitten.
Sie selbst hatte keine Lust gehabt, mitzugehen, saß auf der Rückbank und kaute an ihren Fingernägeln, bis ihr die Kopfhörer von den Ohren gerissen wurden und ihr Vater zu Elektropop ertrank.
Im Wasser alles friedlich, dann lange gar nichts mehr.

An manchen Tagen kann sie nicht schnell genug atmen, heute schmelzen die Worte an ihrem Gaumen; sie darf zu Hause bleiben. Mama bringt ihr Birnensaft und Pfannkuchen, die abends vertrocknet auf dem Tablett liegen bleiben.

„Iss doch mal was", sagt jemand. Am Freitag betrachtet sie den Sonnenlauf im Zeitraffer. Vorgestern ist die Spinne in dem Wachs einer Kerze erstickt und Papa sinkt noch immer.
Innerlich birgt sie das Auto, unter dem Sofias Hand begraben liegt, Stück für Stück, Finger für Finger; und dann träumt sie von Aufprallen und Birnensaft, der klebrig-süß an ihren Lippen haftet.

ohne Titel

Seit vierzehn Tagen sind wir in Paris
Und du glitzerst wie Inkonsequenz
Wie du tanzt ist fragwürdige Zärtlichkeit
Langsame Aufrichtigkeit schmeckt nach Stoli und rennt durch Gewissensbisse
In Salzseen
– deine Lippen –
Ich halt mein Gestern in Bewegung
Und fick' die Echtheit unserer Schlichtheit gegen Himmelskörper
Seit du weg bist.

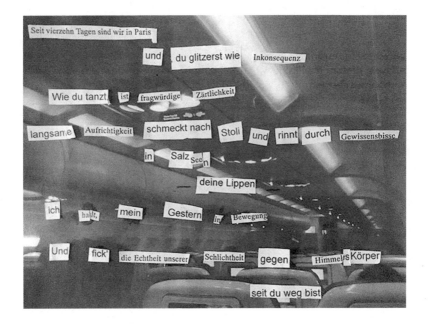

COLLAGE – Original Texte: „Vorbei", „Popo", „Diamant", „Rot" von Yung Hurn, „Briefe einer Peruanerin" von Francoise de Graffigny.

Josefa Ramírez Sánchez

SPIELZEIT

Unmaskierte bitches auf der Suche nach Gott
Spielen heute lieber Swing
Leise Töne schwingen deutlich und weltfremd im Chor
Umarmen bildlich ihre Killer bis ihr Glaube implodiert
Und Gott die Energie ihrer Körper zu lieben beginnt
Quasi reflektiert schreien sie ihm Glaubensfragen zu
Bedrückende Liebesbriefe verbuchen sie unter Galgenhumor
Und ein „Fuck You"-Selbstmord erschüttert ihr surreales
Angstgefühl

VI.

Meine Umstände sind zu mir selbst geworden.

Carla Rotenberg

Fieberträume

Die Tablette fällt in Zeitlupe, benetzt von Luftbläschen löst sie sich zischend auf. Es sieht aus wie eine Miniaturatombombenexplosion. Vollständig austrinken. Bitterer Nachgeschmack.

Das Zimmer ist abgedunkelt, der Fernseher aus. Teppichboden und eine Orchidee. Mein Gehirn ist stumpf. Vielleicht hilft ein überteuertes und überzuckertes Dosengetränk aus der Minibar. Ich knacke den Verschluss. Die kalte Flüssigkeit wird in meiner Speiseröhre vollständig und sofort erwärmt. Leere Dose auf Teppichboden und eine Orchidee.

Vielleicht könnte ich rohe Eier verschlucken und in meiner Speiseröhre würden sie zu Spiegeleiern gebraten werden. Au!

Mein Kopf wiegt plötzlich mehr als mein restlicher Körper. Mein Hals ein Stäbchen, das diese massive Ofenkugel halten muss. Nackenschmerzen und Trompetenklänge. Dröhnen in meinen Ohren. Von wo? Spielt jemand den Refrain von Ahas *Take on me*.

Ich schaue im Schrank, in der Badewanne, hinter den Vorhängen. Unter meinem Bett. Nichts. Der Künstler baut jetzt sogar kleine Gesangseinlagen ein. *Take on me!*

Er sitzt im Papierkorb. Ein Pinguin so groß wie ein Gartenzwerg mit aufgeblasenen Backen, der sein Trompetensolo schmettert.

Hallo, sage ich, kann man dich streicheln?

Nein, sagt er, nachdem er den letzten Ton aus seinem kleinen goldenen Instrument gequetscht hat. Wir müssen gehen.

Wohin?

Um 5 Uhr fängt's an. Es ist schon zwanzig vor fünf.

Er springt aus dem Papierkorb und watschelt in Richtung Tür, aus der mir meine Eltern verboten haben zu gehen. Der Pinguin wedelt so genervt und hektisch mit seinem Flügel, dass ich schnell hinterherlaufe.

Draußen sind wir in Lissabon. Es riecht nach gegrilltem Fisch. Die Straßen, auf denen ich dem Pinguin folge, sind schmal, eng und steil. Wir begegnen einer Familie Orangen, wir sagen guten Tag. Die Muster auf den Fliesen ändern sich beim Gehen und im Sonnenlicht. Wir begegnen einer Gruppe spanischer Gitarrenspieler. Der Pinguin begleitet sie einige Minuten auf der Trompete und ich tanze mit den Einheimischen.

Die gelbe Straßenbahn hält direkt vor unserer Nase, Pardon, Schnabel.

Sie ist fast leer. Außer uns gibt es nur vier weitere Passagiere: einen Jungen mit Zylinder, eine Giraffe, ein Mädchen mit Zöpfen und eine Tasse.

Die Giraffe kaut unüberhörbar. Sie kaut wirklich, wirklich laut. Es ist heiß.

Was essen Sie denn?, frage ich sie. Irgendwie habe ich bei ihr nicht so ein vertrautes Gefühl wie beim Pinguin. Zur Antwort lässt sie eine große rosane Kaugummiblase vor meinem Gesicht zerplatzen und kaut weiter.

Wir fahren zu einer Beerdigung, sagt der Junge mit dem Zylinder, obwohl niemand ihn gefragt hat.

Der Pinguin studiert seine Noten. Wo kommen die auf einmal her?

Wir waren schon letzte Woche auf einer Beerdigung, erwidert die Tasse gepresst.

Ja ..., antwortet der Junge bedrückt und nimmt seinen Zylinder ab. Eine Sonnenblume.

Eine Sonnenblume?

Ein schrecklicher Verkehrsunfall.

Das Mädchen mit den Zöpfen zieht eine säuerliche Miene.

Du siehst echt scheiße aus, sagt sie zu mir.

Weiß ich selber, antworte ich eingeschnappt. Ich trage seit drei Tagen den selben Schlafanzug. Ich habe mich weder gekämmt noch geduscht. Ich kann nie richtig schlafen mit diesem Fieber.

Die Straßenbahn hält vor einem Feld an. Wir steigen alle aus und plötzlich ist es kalt.

Jemand hat aus Cola-Dosen und Luftballons einen Sarg gebaut. Es stehen noch mehr unscharfe Figuren da. Ich erkenne eine Sonnenblume.

Was machen wir hier?, frage ich den Pinguin.

Wir sind auf deiner Beerdigung, sagt er, während er seine Trompete poliert. Von irgendwo hat er eine rote Fliege umgebunden bekommen.

Wie bitte?

Jetzt hab dich nicht so. Setz dich einfach auf deinen Platz.

Er zeigt auf den Coladosenkomplex.

Ich setze mich hin. Die Dosen sind noch ein bisschen klebrig. Ich verschränke die Arme. Was soll das ...
Möchtest du ein bestimmtes Beerdigungslied?, fragt mich der Pinguin.
Ich möchte das Lautlosigkeitlied, antworte ich genervt.
Der Pinguin wird sauer. Das könne er natürlich nicht spielen! Und das wisse ich auch, das sei einfach super gemein ihm gegenüber als Musiker!
Ich finds gemein, dass ich sterben muss, murmle ich.
Eine Hand hält mir ein Glas Wasser hin. Wasser mit einer Miniaturatombombenexplosion.
Unter meinen Füßen rollt sich der Teppichboden aus. Ich sehe eine Orchidee.
Die Hand fühlt meine Stirn und eine Stimme sagt.
40 Grad Fieber.

Laura Bärtle

REM

1: Einschlafphase. Enrico.
Unterwassergeräusche. (Klatschen auf Wasser) *Flüstern. Hohle Geräusche und blassblaue Beine zappeln über mir. Schlafen, Träumen, Sinken.*
Traum. *Ich habe vergessen, Tomaten zu kaufen. Die Milch ist schlecht und als ich sie in den Abfluss schütten will, sieht sie aus wie Joghurt. Meine Mutter kommt zur Tür herein und bringt Tomaten. Wir kochen zusammen und stoßen mit Milch an, die wir aus Schnapsgläsern trinken. Nach dem Essen ist meine Mutter betrunken von der Milch, die durch die Gärung viel Alkohol enthält und erzählt mir, dass sie meine Schwester mehr liebt als mich und sie jetzt gerne nach Hause gefahren werden möchte. Sie lallt und ich habe Angst. Ich fahre nicht Auto, was ist, wenn ich ... schlafe.*
Unterwassergeräusche stopp.
Traum Ende.
Nichts ist passiert. Die Überwachungskameras zeigen das gleiche Bild. Im Innenhof werfen die Container Schatten, das Licht in Halle 3 flackert noch immer, die Eingangstür ordnungsgemäß geschlossen, auf dem Parkplatz kein neues Auto.
Kaugeräusche. Gähnen. Ich schwenke eine der Kameras mit dem Controller herum, lasse sie nicken und den Kopf schütteln. Ich zoome heran, bis ich die Schmutzflecken auf den Kacheln erkennen kann. Versuche, in den Ausstellungshallen die Automarken von möglichst weit weg zu erraten. Ein silberner Mazda. Blauer Combi. Schwarzer Mercedes.
Ich zoome den Mülleimer heran und wieder weg. Heran und wieder weg.
Lauter werdende Regengeräusche. *Heran ... und da sind doch die Scherben der zerbrochenen Teller, die meine Mutter aus Wut zu Boden geworfen hat. Als ich sie zur Bushaltestelle bringe, hakt sie sich bei mir ein und krallt ihre Fingernägel in meine Ellenbeuge. Es regnet Milch und stürmt, ein silberner Mazda bremst neben uns ab und spritzt uns mit weißem Pfützenwasser voll. Meine Schwester lässt das Fenster herunter, sie trägt einen Schlafanzug und meine Mutter sagt „endlich", steigt ein und beide winken zum Abschied.*
Regengeräusche stopp. Traum Ende.

2: Leichtschlafphase. Rahel.
Bettdeckenrascheln. Türen knallen.
Die Katze streicht großäugig um den Rahmen, die Tür ist aus der Angel gehoben. Zwei Nachtspaziergänger, unter ihren Füßen schwappen leise die Pfützen. Um die Straßenecke wird Juni. Es schlägt zwölf, es schlägt dreizehn. Türen knallen und der Rahmen zittert. Bald wird der Regen zu Tau.
Handyklingeln.
Chef: Hallo Rahel, hab ich dich geweckt?
Rahel: Nein.
Chef: Kannst du bitte mal bei der Messe vorbeischauen? Ich krieg den Enrico da nicht ran, ich hab's schon fünf Mal versucht jetzt, aber entweder der ist eingeschlafen oder auf dem Rundgang hängen geblieben. Ich krieg über die Kameras nix rein, aber eine ist ganz komisch ausgerichtet, wenn du da mal schauen kannst. Direkt in den Mülleimer schaut die Kamera, in der Eingangshalle.
Rahel: Kann ich machen. Das wird bezahlt, oder?
Chef (lacht laut): Na klar. Nachteinsatz, Bereitschaft. Das rechnen wir später aus. Ruf mich an, wenn du da warst, ja?
Fahrradgeräusche. Der Regen hat aufgehört und auf den Dächern glitzert es schon wieder vereist. Da sind Sterne, der Mond hinter den Bäumen versteckt. Der Schatten des Fahrrads wandert von Straßenlaterne zu Straßenlaterne an mir vorbei. Mal vor mir, dann hinter mir. Dann wieder vor mir. Kalt. Kalt ist es immer, wenn man müde ist. Schlafen. Schlafen wollen, das ist, als trage man einen schweren Rucksack auf dem Rücken, schon den ganzen Tag. Man will ihn nur ablegen.
Unregelmäßiger Chor aus Metronomen setzt leise ein. Zeit fühlt sich nicht mehr danach an. Ich bin taub geworden für das Ticken der Uhr, die Zeiger sagen mir nichts mehr. Wann bewegen sie sich? Ich sehe nicht hin und sie sind vorangerückt, rückwärtsgegangen, stehen geblieben. Digitaluhren sind schön: die Zahlen bleiben, was sie sind: Zahlen. Keine Uhrzeiten, kein Fortschritt. Nur Zahlen in sich verändernder Abfolge.
Sie haben Eigenschaften: Die Acht ist freundlich, ruhig, geduldig. Bewegt man den Finger in einer Acht, findet man kein Ende.

Die Null ist wie ein Einschussloch, durch das kalter Wind zieht. Etwas fehlt. Etwas ist geschehen.
Das Ticken der Metronome pendelt sich langsam in einen gemeinsamen Takt.
Drei ist gut. Eine ungerade Symmetrie, eine Gewissheit: Aus drei Punkten, die auf keiner Gerade liegen, bildet sich immer ein Dreieck. Addiert man drei aufeinanderfolgende Zahlen, ist die Summe immer durch drei teilbar. Primzahl. 180° Winkelsumme, eine halbe Umdrehung. Immer.
Ich schließe das Fahrrad an und tippe den Zahlencode ein: 2912. Das erinnert an das Datum von Neujahr – der Wievielte ist heute? Wann ist Weihnachten? War nicht erst?
Das Ticken ist nun synchron.
Es gibt die schummrige Nachtbeleuchtung, damit die Schatten nicht zu dunkel werden, aber dass das Gebäude trotzdem unbelebt aussieht, doch jetzt leuchtet die ganze Messe heller als ein Flughafen.
Hallende Schritte.
Da ist die Kamera, die auf den Mülleimer gerichtet ist.
Es fühlt sich an, wie abends im Schwimmbad zu sein: Innen leuchten die Wände, es ist warm, draußen klebt die Dunkelheit am Fenster.
Seltsam ist auch, dass in der Kantine das Radio aufgedreht ist und die Dunstabzugshaube rauscht.
Bin ich wach? Wann war Schlaf? Ich kneife mich. Ich bin wach.
Radiogemurmel.
Auch aus dem Kameraraum höre ich gedämpfte Stimmen der Radiomoderatoren, dann die Melodie der Nachrichten und das dumpfe Stakkato der zusammengefassten Meldungen: Washington. Berlin. Stuttgart. Ein Preis, ein Abkommen, Giftgas. In dieser Reihenfolge.
Klopfen.
Rahel: Enrico?
Da hängt Enrico auf dem Bürostuhl, als hätte jemand die Fäden, an denen sein Körper wie eine Marionette befestigt ist, durchgeschnitten.
Sein Gesicht ist ausgeknipst, keine Mimik, keine Regung. Hinter seiner Stirn tun die Gedanken, was sie wollen und ordnen sich, werden einsortiert vom sorgfältig arbeitenden Sekretär des Unbewussten.

Schlaflose Menschen hassen schlafende Menschen.
Tür schlägt zu.

3: Tiefschlafphase (mitteltief). Enrico
Sie ist nicht ganz da. Sie ist wie ein Wort, das den Gegenstand nicht gut bezeichnet. Sie ist erschreckend abwesend, die Augen so hell, dass man nicht wegsehen kann. Gletscherwasseraugen, ungebleichte Wolle.
Rahel (Flüsterton): Kennen wir uns?
Enrico (Füsterton): Irgendwie kommst du mir bekannt vor.
Rahel (Flüsterton): Aber ich hab dich noch nie gesehen.
Enrico (Flüsterton): Es kommt mir vor, als würden wir uns irgendwoher kennen.
Unterwassergeräusche laut. Metronomticken. Satzfetzen aus Traumsequenzen durcheinander.
Waren ihre Eltern Sanitäter – als hätte man keinen Grund, Angst zu haben, weil man keinen findet – der Stausee zugefroren – Haltestelle Engelloch – vor dem Hospiz raucht eine Krankenschwester – der Regen raschelt wie eine Bettdecke, Türen knallen, die Katze streicht großäugig um den Rahmen, die Angel ausgehoben. Zwei Nachtspaziergänger, unter ihren Füßen schwappen leise die Pfützen. Um die Straßenecke wird Juni. Es schlägt zwölf, es schlägt dreizehn. Bald wird der Regen zu Tau.
Geräusche Ende.
Rahel: Du bist eingeschlafen.
Enrico: Lange?
Rahel: Eine Minute vielleicht. Ich dachte zuerst, du würdest einfach auf den Boden schauen und nachdenken, aber die Gesichter von Schlafenden sehen aus, als wäre niemand dahinter. So wie deins eben.

4: Tiefschlafphase (sehr tief). Rahel.
Ich gehe und gehe. U-Bahn, S-Bahn. Mein Kopf klappt an die Scheibe.
Gleissummen und das Warnsignal der sich schließenden Türen. Der Name der nächsten Station wird angesagt.
Vor der Scheibe ändert sich die Stadt und ich zähle erleuchtete Fenster. Manche zählen ja Schafe.

Eine Gruppe Feiernder auf dem Vierer schräg gegenüber trinken Bier und reichen eine Saftflasche herum. Sie sind jünger als ich und bieten mir ein Bier an, weil ich sie anglotze. Ich nehme es.
Betrunkene Gespräche über Leute, Schritte im Hintergrund, Bahnen fahren, Gespräche vorbeigehender Leute.
Der angenehm gelöste Zustand aus zu wenig Schlaf und von allem ein bisschen zu viel. Durst auf der Zunge wie Sand und wir ziehen aus, wir ziehen weiter, wir ziehen ab und wir ziehen durch. Das Bett ruft nicht, der letzte Rest Vernunft zieht sich die Decke über den Kopf. Uns könnte man vom Grund kratzen, den Bodensatz einer halb ausgetrunkenen Tasse.
Die letzten Gedanken für heute und the earth is spinning around.
Enrico: Was?
Die Erde spinnt. Der Bus hält, niemand steigt aus. Die ersten Bahnen fahren und wir betreiben Haarspalterei an der Haltestelle, scharren mit den Füßen und der Tag streckt sich aus, die Knochen knacken, seine Narben treten hervor, geschwollene Perlmuttstreifen am Morgenhimmel. Verlaufene Trampelpfade, angefangene und fallengelassene Versuche. Eingetrockneter Kaffee, die Schultern hart, der Kopf auf der Brust: schlaflos.

Enrico: Alles vergeht schnell. Jeder Tag wird nach dem Morgen gleich dunkel und nachts merke ich, dass schon Freitag ist. Schlafen, das ist, keine Zeit mehr zu haben, bis man aufwacht. Ich beneide dich. Du bekommst immerhin was mit von allem.
Rahel: Ich bekomme nichts mit. Ich denke, es ist Dienstag, und dann ist erst Sonntag. Oder schon wieder. Wenn man müde ist, rutscht einem die Zeit durch die Finger und man merkt gar nicht, wohin.
Traum. Unterwassergeräusche.
Wohin. Eine Frau mit Zeitungen unter dem Arm betritt das Café und der Kellner wirft Geschirr nach ihr. Er ruft, sie habe keinen Obdachlosenausweis und dürfte nichts verkaufen. Die Frau lässt die Zeitungen fallen und ich gehe ihr nach, wir rennen zusammen durch die Straßen und der Kellner hinter uns her. Das Besteck, das er nach uns wirft, klimpert auf dem Asphalt. Wir sind in einer Hotellobby und klauen die Zeitungen von

den Tischen. Sie hat ein Zimmer ganz oben. Wir nehmen den Aufzug, wissen nicht, was wir sagen sollen und im Spiegel ist keiner. In ihrem Zimmer lesen wir Zeitung und trinken Milch aus Schnapsgläsern, der Regen schlägt gegen die Scheibe, es klingt wie Applaus.
Unterwassergeräusche Ende.
Rahel: Hast du geträumt?
Enrico: Ich glaube schon – aber ich vergesse immer, was. Ich habe dann nur noch das Gefühl, dass irgendwas war. Manchmal erinnere ich mich auch an etwas, das nie so passiert ist oder bin wütend, wegen einem Streit, den es nicht gegeben hat. Manchmal ist irgendetwas komisch.
Rahel: Stell dir mal vor, du träumst jetzt. Genau jetzt gerade. Du könntest jede Sekunde aufwachen. Und du bist sieben Jahre alt und muss gleich zur Schule. Unten in der Küche steht deine Brotbox, dein Freund klingelt und ihr geht zusammen, mit diesen Reflektoren am Rucksack und einer Herde von Plüschtieranhängern.
Enrico: Und auf dem Weg rupfen wir im Vorbeigehen Blätter aus den Büschen und reden über nichts, das es wirklich gibt.
Rahel: Ich fühle mich gut nachts. Da scheint die Zeit an der Hand zu gehen, nicht zu schnell oder zu langsam. Wenn alle schlafen und den Kopf ausschalten, langsam in das Kopfkissen einsinken und die Augen schließen, dann fühle ich mich sogar manchmal stark, wie ich am Fenster stehe und ungewöhnlich bin, weil ich nicht im gleichen Rhythmus funktionieren kann.
Enrico: Manchmal ist die Isolation ein Freund, den ich mit niemandem teilen muss und der mich auszeichnet. Was tun andere, um in ihren Leben besonders zu sein? Sie kleiden sich, sie bilden sich, sie gehen dem Übermorgen nach. Und trotzdem bleiben sie die gleichen und versuchen nur, die Umstände anders um sich herumzuschieben, unter denen sie funktionieren.
Rahel: Meine Umstände sind zu mir selbst geworden.

5: Traumschlaf.
Zusammen schlaflos liegen. Ein geteilter Raum, in dem geatmet wird. Die weißen Lichtpunkte, die durch den Rollladen fallen und helle Flecken an

den Wänden. Jeder denkt vor sich hin, weiß um das Wachen des anderen. Wir warten darauf, einzuschlafen.

Enrico (flüsternd zu niemand bestimmtem): Ich denke oft ans Zelten. Früher durfte ich mit meinem Bruder im Garten das große Familienzelt aufschlagen. In einem Einkaufskorb schleppten wir Vorräte, Taschenlampen und Comics nach draußen und versuchten dann, ohne die Anleitung das Zelt aufzubauen. Das Zelt roch nach Gummistiefeln und Erde, nach getrocknetem Gras und Lagerfeuer. Und ein bisschen nach Schimmel.

Nachts schauten wir durch den schmalen Ausschnitt des offen gelassenen Eingangs in den Sternenhimmel. Die Kälte legte sich auf unsere Gesichter, die Körper in den Schlafsäcken wurden warm, wir atmeten vor uns hin, bis die Augenlider vor die Sterne klappten.

Das war der beste Schlaf.

Rahel (spricht in Stille): Manchmal ist die Schwärze vor meinen Augen nur ein endloser dunkler Raum ohne Kanten. Keine Gesichter, kein Laut. Nur schwankende Leere.

Die Gedanken sprechen mit mir.

Enrico: Spürst du sie auch, die Rotation der Erde? Ein leichtes Ziehen, als wischte jemand diskret die Gedanken seitlich aus deinem Kopf?

Rahel: Es ist gut, unter Menschen zu sein. Aber eigentlich bin ich voll, übersättigt und das Lachen trieft mir aus den Ohren. Ein Teil von ihnen sein, kein Teil von ihnen sein.

Enrico: Nebeneinander einschlafen und das Gefühl, getrennt zu sein. Wach im eigenen Kopf.

Rahel: Ich habe gerade geträumt. Ganz wenig. Ohne es zu wissen. Ich schwimme knapp unter der Oberfläche, falls ich Luft holen muss, ist es ganz leicht. Der helle Wirklichkeitsschein leuchtet auch in meinen Schlaf und doch, als ich auftauche, wundere ich mich über den Raum.

Enrico: Kurz bevor ich einschlafe, sehe ich Bilder vor mir. Abstrakte und doch scharfe Erinnerungen: ein Tag im Frühling, Spaziergang mit meiner Mutter und Ameisen auf der Picknickdecke, dann Sprung zu meinem letzten Job in der Bäckerei und wie sich die Schiebetür immer vor den Kunden aufgezogen hat ... alles so zufällig, was ich denke. Vielleicht der Kompro-

miss meiner Gedanken aus Traum und Wirklichkeit.
Rahel: Schläfst du jetzt ein?
Enrico (flüsternd): Ich weiß nicht ...
Warum kannst du schlafen. Wo bist du? Du bist nur ein Organ, das pulsiert und atmet. Was bedeutest du mir? Du bist verlassen, hast dich selbst entfernt aus dir. Auch wenn ich deine Hand halte, auch wenn ich sie festhalte, bist du doch schon gegangen. Ohne mich. Wie laut du atmest. Wie still du aussiehst. Du denkst nichts, du denkst an rein gar nichts. Wo bist du? Warum nimmst du mich nicht mit? Warum bleibst du nicht hier?
Enrico und Rahel zusammen: Nebeneinander liegen und das Gefühl, getrennt zu sein. Wach im eigenen Kopf. Das Fenster steht einen Spalt weit offen, gerade genug um leisen Wind hindurchzulassen. Ein drittes Ausatmen, ein Schlaf, den wir uns teilen.

Franka Weckner

VERA FRAGT MICH NACH ZIGARETTEN

19.10 2018 10:00 Uhr
Vera fragt mich nach Zigaretten. Sie raucht LM, die Roten, aber nicht schon immer, erst, seitdem sie im Krankenhaus ist. Sie raucht mit den Schwestern auf dem Balkon, in T-Shirt und Jogginghose, zwischen den weißen Jacken. Sie flüstern und reden auch über Patienten. Jetzt lacht sie am lautesten, wirft den Kopf zurück. Wenn sie da sitzt, sieht sie nicht krank aus.
22.10 2018 11:00 Uhr
Die Ärzte wollen Vera keine Schmerzmittel mehr geben, weil das süchtig macht, aber Vera ist schon süchtig, sagt sie, die Ärzte haben es nur noch nicht gemerkt. Ich betrachte Veras Arme. Veras Arme sind blau, weil sie dünne Venen hat, die die Ärzte nicht treffen. Sie sieht aus wie ein Drogenjunkie. Der hätte die Venen allerdings besser getroffen.
22.10 2018 11:15 Uhr
Vera fragt mich, ob sie einen Grund hat, süchtig zu sein. Ich schaue in ihr Gesicht. Das ist so durchsichtig, dass man die blauen Adern sieht, die dünnen Augenlider. Ihr Bauch ist aufgequollen. Das ist keine echte Frage, darum antworte ich nicht. Vera sagt, dass sie es scheiße findet, dass ihr Gesicht gelb wird. Jeder sieht, dass sie krank ist. Ich finde, Vera ist schön. Das wäre der richtige Satz in der richtigen Situation. Aber das sagt sich so leicht: Ich finde dich schön. Sie würde mich wahrscheinlich auslachen. Und ich finde, es geht mir schon schlecht genug, da muss ich mich nicht noch zum Deppen machen.
22.10 2018 7:30 Uhr
Ich habe die Schmerztabletten von den Ärzten unter der Zunge versteckt. Ich gebe sie Vera und sie nimmt sie. Aber die machen gar nichts, sagt sie. Sie dreht sich auf die andere Seite. Die Falten in ihrer Bettdecke wirken beiläufig.
24.10 2018 9:30 Uhr
Gegenüber von meinem Bett hängt ein Bild, das zeigt eine Blumenwiese. Ich glaube, in jedem Krankenhauszimmer hängt dieses Bild, damit die Patienten sich ein bisschen an die Natur erinnern. Draußen habe ich nie solche Blumen gesehen. Im Krankenhaus gibt es nur vertrocknete Topf-

pflanzen. Vera schaut so lange auf das Bild, bis ich nervös werde. Sie blinzelt nicht. Ich stehe auf, drehe das Bild gegen die Wand. Jetzt ist nur noch der hellbraune Papprücken zu sehen. Vera ist das egal. Sie schaut trotzdem hin.

24.10 2018 9:50 Uhr
Vera hat eben zwei Minuten gezuckt und dann still gelegen. Und jetzt sieht es um sie herum aus wie auf einem Jahrmarkt. Ein wahnsinniges Blinken und Piepsen und Rennen. Ein Lämpchen wirft rhythmisch rote Schatten auf ihren offenen Mund. Auf ihrem Nachttisch liegen leere Ampullen wie Schnapsleichen.

25.10 2018 12:00 Uhr
Der Oberarzt kommt zur Visite. Er fragt, wie es Vera heute geht. „Verfickt scheiße", antwortet sie. Ich will lachen, weil man sowas nicht sagt. Aber bei einem Gespräch zwischen Arzt und Patient darf man nicht zuhören, selbst, wenn man nur einen halben Meter weg sitzt. Ich halte also die Klappe und konzentriere mich auf den hellbraunen Bildrücken an der Wand. Ich ärgere mich, dass ich das Bild gegen die Wand gedreht habe. Die Leuchtstoffröhren flimmern von der Decke. Vera wird lauter. In der linken Zimmerecke sitzt ein Weberknecht. Er zittert. Ich frage ihn, wie er sich das Leben außerhalb des Krankenhauses vorstellt.

25.10 2018 12:05 Uhr
Vera schreit jetzt. Der Arzt antwortet mit ernster Stimme und stützt seine Hand auf ihrem Nachttisch ab. Seine Finger landen in Zigarettenasche. Der Arzt klopft seine Hand an der weißen Hose ab. Der Weberknecht wackelt im Takt. Kann auch Zufall sein. Der Weberknecht versucht, durch das Fenster nach draußen zu klettern. Das Fenster ist hermetisch verriegelt. Ich glaube nicht, dass der Weberknecht es jemals zu etwas bringen wird. Der Weberknecht ist ein bisschen wie ich. Ich überlege, ob ich ihn mit meinem Buch vom Nachttisch zerquetschen soll. Stattdessen ersticke ich mein Gesicht in dem Kissen.

27.10 2018 2:30 Uhr
Vera spricht leise. Unsere Betten liegen nebeneinander. Die Nacht gleitet vorüber. Die Gedanken verschränken sich. Es ist halb drei, und wir flüstern. Vera sitzt am Fenster. Wir haben die Vorhänge aufgeschoben. Ich seh die

Sterne. Über der Stadt sind keine Sterne, aber beim Wald hinten sind Sterne und Satelliten, Fenster, Türen, Häuser, Wälder, der Mond. Die Berge sind so hoch, dass Schnee auf ihnen liegen könnte. Von hinten sehe ich Veras Rückenwirbel. Sie sagt, dass Wasser aus ihren Venen in den Bauch läuft und sie verschluckt. Es kommt nicht raus. Vielleicht durch Weinen, aber Vera weint nicht. Ich antworte nicht. In meinem Blut wirft die Acetylsalicylsäure Blasen. Ich fühle mich so wohl und so tot wie der Wald hinter der Glasscheibe.

27.10 2018 4:50 Uhr

Ich möchte Vera von dem Wald erzählen, aber ihre Rippen bewegen sich nur langsam, was heißt, dass sie schläft, was heißt, dass ich sie nicht wecken sollte. Kurz denke ich noch daran, wie die Luft im Takt ihrer Rippenbewegungen von innen an den spröden Lippen vorbei die schleimigen Organe berührt und wieder herauskommt und ich dann ihre schleimige Lungenluft wieder einatmen muss. Mir wird schlecht. Ich mache das Fenster auf. Weil jemand die Luft draußen vielleicht vor zehntausend Jahren mal eingeatmet hat. Aber das ist so lange her, dass es mich nicht wirklich stört. Und wenn jemand versteht, warum das so ist, warum die Luft gleichbleibt, als wäre nichts gewesen, während alle nicht mehr da sind, dann kann er mich gerne mal anrufen. Ich verstehe das nämlich nicht.

27.10 2018 11:45 Uhr

Es ist ein Schiff an meine Hacken gebunden. Sanddünen schlagen an meine Füße. Wind weht. Die Erde glüht. Ich tropfe dem Sand entgegen. Ich knüpfe als Antwort die Mücken zusammen. Ich warte auf Regen. Ziehe Glassplitter aus meinen Füßen und lasse Fremde daran lutschen. Ich warte auf Regen. Zapfe den Wolken die Rosen ab. Ersticke den Gletschersee in alten Mullbinden. Färbe die Pantoffeln mit seinem Wasser rot und bade eine Garnele darin. Sie schaukelt sanft, wie nach einer nächtlichen Reise.

27.10 2018 13:50 Uhr

Ich habe Vera von meinem Traum erzählt. Sie hat aber immer nur die eine Augenbraue hochgezogen, und ich war sauer, weil sie sonst nichts gesagt hat.

03.11 2018 13:00 Uhr
Ich soll mich mehr bewegen, sagen die Ärzte. Ich will nicht. Ich merke, dass mein Fuß fehlt, und das ist eine Krankheit, für die kann man nichts. Die Schwester tut so, als merke sie es nicht. „Dann hüpf halt auf einem Bein", sagt sie. Weil, man kann zwar nicht ewig auf einem Bein hüpfen. Aber doch ziemlich lange. Also hüpfe ich über den Flur bis zu der Topfpflanze an dem Schwesternzimmer vorbei. Das Gelände ist unübersichtlich. Die Türen an der Seite sind alle geschlossen. Der Boden schimmert wie frisch geschrubbt. Mein Fuß ist nackt und kalt. Als ich ins Zimmer zurückkomme, weint Vera. Ich dreh mich um, schließe die Tür und warte auf den Plastikstühlen am Eingang. Der Stuhlrücken zittert. Eigentlich sollte ich reingehen, denke ich. Wenn ich so hier sitze, sehe ich aus wie ein Besucher. Nicht mal die Stationsschwester bemerkt mich.
07.11 2018 19:00 Uhr
Am Abend werde ich entlassen. Es ist stürmisch und regnet. Aus Regen wird Hagel. Es ist dunkel. Der Mond klappt auf, aber nur halb. Vera sitzt am Fenster. Auf ihren Fingernägeln sind kleine weiße Halbmonde. Sie dreht sich nicht um, als ich das Zimmer verlasse. Sie legt ihre Hand an die Fensterscheibe und schiebt den Mond weg.

Vitae
der Preisträger*innen

Lisa Marleen Allisat

Wurde 2002 in Leipzig geboren. Sie absolvierte 2019 ihr Abitur und studiert seit Oktober desselben Jahres am Deutschen Literaturinstitut Leipzig Literarisches Schreiben. Sie begann früh mit dem Lesen und Schreiben und nahm bereits an zahlreichen Werkstätten und Wettbewerben, unter anderem der Jugend-Literatur-Werkstatt Graz, teil.

Laura Bärtle

Geboren 1999 in Freiburg, studiert derzeit „Sprachkunst" in Wien. 2017 und 2019 war sie beim Treffen junger Autor*innen, 2016 Jahressiegerin bei lyrix und 2019 Stadtschreiberin in Pfaffenhofen.

Cara Biester

Geboren wurde ich 2003 in Berlin und sitze dort auch meine Zeit am Gymnasium ab. Seit ich weiß, was Buchstaben sind, schreibe ich kleine Geschichten und Gedichte, in denen ich vor allem gesellschaftskritische Themen verarbeite.

Lisa Bresch

(*1. April 2001) würde sich trotz ihres Geburtstags nicht gerade als Scherzkeks bezeichnen. Sie mischt Prosa mit Lyrik, Kokos mit Ananas & ihr Politikstudium mit Germanistik.

Lukas Friedland

luka/lukas/luka*s friedland (*1999) studiert etwas, zu dem die beziehung unklar geworden ist und immer schon war. veröffentlicht irgendwo, immer wieder, bekam auch so preise & zeug. 1 performendes, interdisziplinäres, neuroqueeres und digitales mensch. benutzt im idealfall kein pronomen. schreibt vor allem theatertexte, die nicht immer im bereich des sogenannten möglichen liegen. setzt sich ein für u. a. unscharfe grenzen, diversität, tiere, pflanzen und sternchen.

Fanny Haimerl

Geboren 2002 in München, schreibt hauptsächlich Prosa. Nahm erfolgreich an vielen Schreibwettbewerben teil, unter anderem dem THEO-Berlin Brandenburgischer Preis für junge Literatur 2018 und dem Treffen junger Autoren 2017. Verbrachte ein Jahr im Ausland und ist viel unterwegs.

Nora Hofmann

Geboren 2000, studiert sprachkunst in wien.
sie beschäftigt sich mit körper: flächen_geweben_räumen_zerrungen_ skulpturalen gebilden in der sprache.

Jannika Jenk

Geboren 1998 in Hannover, wo sie aufwuchs und ihren Schulabschluss machte. Nun lebt sie seit Herbst 2017 in Berlin; hier betreut sie Senior*innen und Kinder, studiert Anglistik, Philosophie und Nordamerikastudien. Teilnehmerin des Theatertreffens der Jugend 2017 mit dem Stück „Katzelmacher".

Laura Klegräfe

Ich, Laura, bin im letzten April des letzten Jahrtausends geboren und habe deshalb Lachfalten und ein Tattoo.
Weil ich als Widder dickköpfig, als Sternchen aber zart bin, auch einige Narben.
Dieses Jahr gebe ich Nachhilfe in allen (un)möglichen Fächern, weil mein Schauspiel- oder Kulturjournalismus-Studium erst im Herbst beginnt.
Alles andere gern auf Nachfrage! (strahlendes Smiley)

Alina Kordick

Geboren 2001 in München. Abitur 2019. Derzeit auf Reisen, auf denen sie Schreibwerkstätten vermisst. War zum Beispiel Teilnehmerin an der Schreibwerkstatt des Literaturhauses München 2017 bis 2019. Preisträgerin des europäischen Literaturwettbewerbs der Jugend-Literatur-Werkstatt Graz und des Abiturient*innenpreises der Goethe-Gesellschaft in Weimar e.V. 2019. Eingeladen zum Treffen junger Autoren 2016.

Elisa Lehmann

Geboren 1998 in der schwäbischen Provinz, die sie nach dem Abitur erfolgreich hinter sich ließ. Nach kurzen Ausflügen in Kunst und Design im Psychologiestudium angekommen, was sie seit fünf Semestern in Osnabrück studiert. Schrieb bisher meist nur für sich selbst, was sich seit dem Treffen junger Autor*innen nun glücklicherweise geändert hat.

Kierán Meinhardt

(*1999 in Kassel, seit 2018 in Berlin) programmiert, philosophiert und versifiziert. Er studiert lange gestorbene Sprachen, liest lange gestorbene Dichter, schreibt in lange gestorbenen Formen.

Cecily Ogunjobi

Lebt seit 1998. Meistens in Frankfurt am Main. Sie studiert Geowissenschaften an der Goethe-Universität und mag es, Dinge unter die Lupe zu nehmen: Gesteine und Wörter und Menschen und Situationen und unds. Über die Erde schreibt sie Berichte, über die Welt Geschichten. Sie errechnet Dichten und verdichtet Prosa. Gelegentlich hält sie Gesteinsansprachen und Lesungen. Sie ist Preisträgerin des Jungen Literaturforums Hessen-Thüringen und Mitglied des Jungautor*innen Kollektivs sexyunderground.

Josefa Ramírez Sánchez

Wurde am 25. April 1999 in Santiago de Chile geboren.
Sie ist in Berlin aufgewachsen und studiert an der Uni Leipzig Soziologie.

Carla Rotenberg

Geboren 2002 in Madrid, aufgewachsen zwischen Deutschland und Spanien. 2019 das Abitur absolviert, studiert seitdem Design in Segovia, einem kleinen Städtchen in Spanien, in dem die Römer vor langer Zeit ein riesiges Aquädukt bauten. Vor dem sitzt sie gerne und macht sich Gedanken. Manchmal schreibt sie diese auch auf. Warum ein Pinguin so häufig auftaucht, weiß sie leider selber nicht.

Victor Schlothauer

(*1999) studiert Komparatistik und Theater-, Film- und Medienwissenschaft in Wien. Er interessiert sich besonders für Sprach- und Repräsentationskritik und sieht sich in Zukunft als Dramaturg und/oder Regisseur am Theater arbeiten.

Susanne Sophie Schmalwieser

Geboren 2001 in Mödling, Niederösterreich. Studium der deutschen und klassischen Philologie in Wien, u.a. Preisträgerin des Texte.Preis für junge Literatur in Wien und des Niederösterreichischen Kurzgeschichtenwettbewerbs. Veröffentlichungen in Literaturzeitschriften und Anthologien in Österreich und Deutschland, u.a. in der Literaturedition Niederösterreich und dem muc-Verlag.

Lotti Spieler

Hat mit ihren 15 Jahren Lebenserfahrung nicht viel, womit sie diese Vita füllen könnte. Sie weiß, dass Schreibende mit einer solchen Vita oft literarische Meisterwerke und somit auch Eindruck schaffen, wozu sie sich gerade aber nicht im Stande fühlt, weil sie unter dem Leistungsdruck der Gesellschaft und der immer wiederkehrenden Qual des Aufstehens müde geworden ist.

Sarah Stemper

Ist eine 18-jährige Abiturientin aus dem Sauerland, die versucht, zwischen Wachmach-Kaffee, halbangekauten Kulis und Menschenmengen ihr Kopfkino mit Wortfotos öffentlich zugänglich zu machen. Dabei stolpert sie immer in den Farbeimer der Wortsuppe – Pseudonym Worteimerpanne. Arbeitet bei einer Lokalzeitung und will Journalistin werden. Schreibt über Heimatentwurzlung, Beziehungen, entwurzelte Beziehungen ... Brauchen wir nicht so oder so mehr Bäume in diesen kahlen Wäldern heutzutage?

Franka Weckner

Geboren am 22.12.1997 in Bonn. Aufgewachsen in Freiburg war sie Stipendiatin am Literaturhaus Freiburg. Nach einem Auslandsaufenthalt im Libanon studiert sie nun in Heidelberg Rechtswissenschaft mit dem Schwerpunkt Völkerrecht und arbeitet nebenher am Max-Planck-Institut für ausländisches öffentliches Recht und Völkerrecht.

Anthologien

2018 stets der unangepasste fällt aus dem nest
2017 Es ist nicht ausgeschlossen, dass es besser wird.
2016 Binde der Welt die Schnürsenkel zu!
2015 jeden schatten wirfst du selbst
2014 Rostschutzmittel
2013 sätze über planken
2012 ich stell dir die schatten schärfer
2011 Hundert Herzschläge Freigepäck
2010 Jetzt hier. Und wieder.
2009 schräg gegens licht (erschienen bei Brandes und Apsel)
2008 während du wegsiehst (erschienen bei Brandes und Apsel)
2007 Der Horizont hängt schief
2006 Ganz nah gegenüber
2005 Als wäre jemand in der Nähe
2004 Hinter der Stirn
2003 Neben mir saß einer
2002 Morgens ziehen wir unseren Horizont zurecht
2001 Mein Tisch ist eine Insel
2000 Die Luft schmeckt hier nach Horizont
1999 Im Kopf da brennt es
1998 Als gäbe es noch Zeit
1997 Wolkenfischer
1996 Bis das Seil reißt

1995	Zwischen den Rädern
1994	Purpurflug
1993	Unter der Steinhaut
1992	Winklings
1991	Kopfüber
1990	Vollkommen normal
1989	Ruhig Blut
1988	Gnadenlos alles
1987	Anthologie ohne Titel
1986	Pampig

Die Anthologien sind im Buchhandel und/oder dem Online-Shop der Berliner Festspiele erhältlich.